Roswitha Gruber

Wunderbare Kindertage

Roswitha Gruber

Wunderbare Kindertage

Großmütter erzählen

BRUNNEN
Verlag GmbH · Giessen

MIX
Papier aus verantwortungsvollen Quellen
FSC® C083411

2020 Brunnen Verlag GmbH Gießen
Umschlagfoto: Shutterstock
Umschlaggestaltung: Jonathan Maul
Satz: DTP Brunnen
Druck: CPI – Ebner & Spiegel, Ulm
ISBN 978-3-7655-4352-4

www.brunnen-verlag.de

Inhalt

Vorwort

Seit ich denken kann, hat es mich interessiert, wie das Leben in einer Zeit aussah, die so ganz anders war als die selbst erlebte Gegenwart, und schon als Kind habe ich meine eigene Großmutter immer wieder gebeten: »Erzähl mir, wie es früher war.«

Diese Neugier habe ich niemals verloren, sondern zunehmend ältere Frauen, Großmütter eben, befragt, was ihnen an ihrer Kindheit bemerkenswert erschien und inwieweit sich ihre Beurteilung im Lauf der Jahre verändert hat.

Gemeinsam ist allen, dass sie ihre Kindheit und Jugend in einer wirtschaftlich und politisch sehr schwierigen Zeit verbrachten, in der persönliches Glück allzu oft aus Rücksicht auf die Familie zurückgestellt werden musste. Auch hatten die meisten Frauen noch unter der Benachteiligung der Mädchen zu leiden, durften bisweilen gar keinen Beruf erlernen oder mussten sich in ihrer Berufswahl familiären Zwängen fügen, und eine lange Ausbildung galt den Eltern in der Regel ohnehin als sinnlos und als verschwendetes

Geld. Daneben gab es jedoch bereits einige wenige, die ihrer Zeit weit voraus und Vorreiter weiblicher Emanzipation waren. Selbst Aussteiger fanden sich damals schon, und so ist die Palette breit gefächert – angefangen vom einfachen, in bäuerlichen Traditionen verwurzelten Mädchen bis hin zur selbstbewussten Karrierefrau.

Denkbar unterschiedlich wie die Herkunft fällt auch der Rückblick auf das eigene Leben aus: Während die einen die eigene, wenngleich bescheidene Kindheit um nichts in der Welt eintauschen möchten gegen den heutigen Luxus, haben die anderen die Beschränkungen und den Mangel leidvoll empfunden und sich hinausgesehnt aus der häuslichen Enge. So sind die Erzählungen teils ernst und nachdenklich, teils heiter oder wehmütig – auf jeden Fall aber sind sie unschätzbare Zeugnisse aus einer Welt, die für die Jugend von heute teilweise Lichtjahre entfernt zu sein scheint.

Schulzeit mit Hindernissen

Doris, Jahrgang 1929, aus Jüchen bei Köln

Als meine Mutter merkte, dass es mit meiner Ankunft nicht mehr lange dauern würde, fuhr sie nach Köln. Sie hatte beschlossen, mich in einem Krankenhaus zur Welt zu bringen, was in der damaligen Zeit ganz und gar nicht selbstverständlich war, denn die meisten Frauen blieben zu Hause und holten die Hebamme des Ortes. Es war der Abend des 2. Oktober 1929, der Geburtstag des damaligen Reichspräsidenten Hindenburg.

Offenbar schien die ganze Nation mitzufeiern, denn im Radio wurden ohne Pause die Feierlichkeiten, die zu diesem Anlass in Berlin stattfanden, übertragen. Jede Frau, die ein Kind geboren hat, weiß, dass es ohnehin kein Vergnügen ist, stundenlang in den Wehen zu liegen, und was man in einer solchen Situation bestimmt nicht gebrauchen kann, ist eine permanente Geräuschkulisse. Nachdem meine Mutter die Berieselung eine ganze Weile stillschweigend erduldet hatte, bat sie die Hebamme schließlich zaghaft: »Könnten Sie das Radio bitte abstellen?«

Aber die gute Frau war offensichtlich in patriotischer Festtagsstimmung und fuhr meine Mutter unwirsch an: »Ach, nehmen Sie sich doch ein bisschen zusammen. Ich muss das jetzt hören.« So erblickte ich unter Geburtstagsreden und Marschmusik in den frühen Morgenstunden des 3. Oktober das Licht der Welt.

Eine meiner frühesten Erinnerungen hat mit meiner Großmutter väterlicherseits zu tun. Meine Mutter besaß in Jüchen ein kleines Landkaufhaus, in dem sich links die Lebensmittelabteilung befand und rechts eine Textilwarenabteilung, und über diesen Geschäftsräumen wohnte besagte Oma. Sie war eine kleine, zierliche, dabei aber robuste und zupackende Frau. Sie wurde neunzig Jahre alt, ohne jemals krank gewesen zu sein, abgesehen von den letzten vierzehn Tagen vor ihrem Tod. Immer, wenn ich sie besuchte, traf ich sie bei einer Arbeit an. Sie pflegte auf einem dreibeinigen Hocker zu sitzen, eine blau gestreifte Halbschürze umgebunden und einen Eimer zwischen den Knien. In der einen Hand hielt sie meist einen Hering, in der anderen ein Messer zum Abschuppen. Auf diese Weise bereitete sie Unmengen dieser Fische für den Verkauf in Mutters Geschäft vor.

Da meine Mutter den ganzen Tag im Laden stand, war sie froh, dass es in Jüchen einen Kindergarten gab. Dieser befand sich im Krankenhaus des Ortes und wurde von Ordensschwestern geleitet. Ich ging sehr gerne dorthin und fand es auch in Ordnung, dass ich, als ich längst ein Schulkind war, nach dem Unterricht noch eine Stunde im Kindergarten betreut wurde, bis ich zur Oma zum Essen ging, die jeden Tag eine Mahlzeit nur für uns beide zubereitete. Meistens war es etwas ganz Einfaches wie zerquetschte Pellkartoffeln mit Margarine, aber für mich war es eine Köstlichkeit, und ich denke noch heute oft daran, zumal mich dieses Essen immer an meine Großmutter erinnert.

Eigentlich wuchs ich auf wie ein Einzelkind, obwohl ich einen Bruder hatte, der jedoch neun Jahre älter war, aus der ersten Ehe meines Vaters stammte und bereits im Internat lebte, als ich anfing, meine Umwelt wahrzunehmen. Erst sehr viel später, nach dem Krieg, genoss ich die Tatsache, einen großen Bruder zu haben, der mich zu Festen, zu Tanzvergnügungen oder zu Ausflügen mitnehmen konnte, zu denen ich alleine noch nicht hätte gehen dürfen.

Eine frühe Erinnerung an meinen Bruder aber ist in meinem Gedächtnis hängen geblieben, weil sie auf mich einen nachhaltigen Eindruck gemacht hat. Es war an jenem Weihnachtsfest, als ich sieben oder acht war und er demnach sechzehn oder siebzehn. Wie immer am Heiligen Abend ging es bei meiner Mutter hektisch zu, denn, wie damals üblich, blieben die Läden selbst an diesem Tag bis zwanzig Uhr geöffnet, und selbst später klingelten bisweilen Kunden an der Hintertür, weil sie etwas vergessen hatten, und so konnte es spät werden, bis sie mit den Vorbereitungen für die Bescherung, die nicht wie heutzutage am Heiligen Abend, sondern am Weihnachtsmorgen nach dem Kirchgang stattfand, beginnen konnte. Es war üblich, dass mein Bruder ihr half. Gemeinsam schmückten sie den Baum, füllten die Teller mit Süßigkeiten, Nüssen und Obst, bauten die Krippe auf und richteten die Geschenke her – in diesem besagten Jahr gab es für mich einen Puppenwagen.

Um fünf Uhr am nächsten Morgen ging die ganze Familie, wie es Tradition war, in die Christmette, und wie immer war die Kirche so voll, dass nicht jeder einen Sitzplatz bekam. Meine Mutter und ich konnten uns gerade noch in eine Bank quetschen, doch mein Vater und mein Bruder mussten sich mit einem Stehplatz im Mittelgang, direkt neben uns, begnügen. Mein Bruder war damals hoch aufgeschossen, und ich weiß nicht, ob er zu schnell gewachsen und dazu übermüdet war oder ob die Luft bereits stickig zu werden begann – jedenfalls sah ich bei dem Lied: »Es ist ein Ros' entsprungen«, wie er langsam nach vorne kippte und meinem Vater direkt ins Kreuz fiel. Es war noch sein Glück, dass er hinter dem Vater stand, denn sonst wäre er der Länge nach auf den Boden geschlagen oder einem fremden Menschen in den Rücken gefallen. Die kleine Ohnmacht war schnell überwunden, aber jedes Jahr an Weihnachten erinnerte uns mein Vater daran. Immer wenn das Lied »Es ist ein Ros' entsprungen« erklang, pflegte mein Vater in seiner unverwechselbaren Kölner Mundart zu sagen: »Und he fiel mir up de Rück.«

Während meiner Zeit in der Volksschule wurden wir Kinder klassenweise auf die Felder zum Ernten geführt – Zuckerrüben, die in der fruchtbaren Kölner Tieflandsbucht bevorzugt angebaut wurden. Weil die Sonne auch im Frühsommer schon ganz schön brannte, verpasste meine Mutter mir einen Strohhut, was ich furchtbar fand, denn niemand außer mir arbeitete mit Hut, und die anderen lachten mich aus. Weil ich aber nicht wusste, wohin mit dem Hut, behielt ich ihn gewissenhaft auf, während ich auf Knien die unendlich langen Reihen entlangrutschte. Einige Wochen später war es unsere Aufgabe, Kartoffelkäfer zu sammeln – auch mit Hut. Heute erledigt man das mit Pestiziden, was sicherlich keine gesunde Alternative ist, doch ich glaube, damals wäre ich froh darüber gewesen, denn das Einsammeln der Käfer war eine ziemlich eklige Angelegenheit.

1939 brach der Zweite Weltkrieg aus und warf unsere Pläne über den Haufen. Eigentlich hätte ich aufs Gymnasium nach Köln gehen sollen, aber in so unsicheren Zeiten wollte meine Mutter mich nicht allein in die Stadt fahren lassen. Stattdessen hielt sie nach einer Schule abseits der Großstadt Ausschau und fand ein Internat in Euskirchen, von dem sie glaubte, dass ich dort in Sicherheit wäre.

Doch wieder kam alles anders als geplant. Die ursprünglich von Dominikanerinnen geleitete Schule wurde von der nationalsozialistischen Stadtverwaltung verstaatlicht und das Internat geschlossen. Mitten im Schuljahr stand ich ohne Bleibe da. Zwar gab es im Ort ein weiteres Internat, doch dort hätte ich erst zum nächsten Schuljahr aufgenommen werden können, wenn durch den Abgang der Abiturientinnen wieder Plätze für neue Bewohnerinnen vorhanden waren.

Um nicht das Gymnasium wechseln zu müssen, suchten meine besorgten Eltern nach einer Alternative: Mit einem anderen Elternpaar fanden sie für deren Tochter und mich eine Unterkunft bei einem alleinstehenden, älteren Fräulein, das uns nicht nur verpflegte und umsorgte, sondern auch streng darauf achtete, dass wir ein geregeltes Leben führten und pünktlich nach Hause kamen – eigentlich war es hier sogar strenger als im Internat. Aber im Grunde war das unserem Alter auch angemessen, denn um auf uns alleine gestellt zu sein, waren wir wirklich noch viel zu jung. Natürlich haben wir damals trotzdem bisweilen über unsere strenge Wirtin gestöhnt.

Dieses Arrangement war ebenfalls nicht von langer Dauer, denn nach einem Vierteljahr waren meine Eltern der Meinung, dass sie jetzt die optimale Lösung für mich gefunden hätten. Sie meldeten mich in der Euskirchener Schule ab und verfrachteten mich nach Ahrweiler, wo sie mich im Internat Kalvarienberg angemeldet hatten, das von Ursulinen geleitet wurde. Da diese Einrichtung zugleich das Mutterhaus des Ordens war, wo die Schwestern ihren Lebensabend verbrachten, war das Internat vom Zugriff der Nationalsozialisten verschont geblieben, während das dazugehörende Gymnasium bereits verstaatlicht worden war.

In den Jahren in Ahrweiler schloss ich Freundschaften, die ein ganzes Leben lang halten sollten. Leider konnten wir nur bis Ende 1944 auf dieser Schule bleiben, denn dann wurde im ganzen Reich der Schulunterricht eingestellt – sowohl wegen der ständigen Bombenangriffe als auch wegen der näher rückenden Front, denn Teile des linksrheinischen Gebiets, darunter Aachen, waren bereits von amerikanischen Verbänden eingenommen worden. Während meine Mutter und ich ins Sauerland, nach Nordenau in der Nähe von Winterberg, evakuiert wurden, musste mein Vater an der Heimatfront ausharren und dafür sorgen, dass keine Zweifel am siegreichen Ausgang des Krieges aufkamen. Er war nicht zu den Waffen gerufen worden, weil er bereits zu alt war, aber er wurde zur Produktion kriegswichtiger Güter verpflichtet. Sein Betrieb, der ursprünglich Herrenkonfektion hergestellt hatte, schneiderte jetzt Uniformen – bis zum bitteren Ende, als keine mehr gebraucht wurden.

In Nordenau hatte man uns auf einem Bauernhof ein Zimmer zugewiesen. Der Mann war im Krieg, und die junge Frau, die drei kleine Söhne hatte, betrieb mit dem Schwiegervater die Landwirtschaft, in der ich bald fleißig mithalf, um für meine Mutter und mich zusätzlich etwas Milch und Butter zu verdienen. So lernte ich bald, den Stall auszumisten, die Kühe zu melken und aus der Milch Butter zu machen.

Die Leute waren sehr nett zu uns, und wir gehörten praktisch zur Familie. Damit ich schulmäßig nicht zu sehr ins Hintertreffen geriet, organisierte meine Mutter mit anderen Müttern, die ebenfalls evakuiert worden waren, eine Art Privatunterricht beim Pfarrer, einem knorrigen alten Mann, der deftige Predigten liebte. Wir waren sechs Kinder, ungefähr gleichaltrig, die fortan täglich zum Unterricht ins Pfarrhaus marschierten, wo uns der geistliche Herr in Latein, Geschichte und natürlich Religion unterrichtete. Ein pensionierter Lehrer, der ebenfalls hierher geflüchtet war, übernahm den Unterricht in Mathematik, Deutsch und Erdkunde. Der alte Herr war froh, etwas zu tun zu haben, und wollte nicht einmal Geld für seine Bemühungen.

Unaufhaltsam rückten das Ende des Krieges und die siegreichen Amerikaner näher. Als wir das Trommelfeuer hörten, flüchteten wir uns in einen der zahlreichen Stollen, in denen Schiefer abgebaut wurde. Eigentlich hätten wir uns nach der Einnahme des Ortes unbehelligt in die Häuser zurückbegeben können, wären nicht auf unserem Hof in einem Schuppen drei deutsche Soldaten entdeckt worden, die sich dort versteckt hielten. Dadurch wurden die Amerikaner misstrauisch und bestanden darauf, die Bevölkerung vorerst weiter in den finsteren Stollen festzuhalten, bis klar war, ob sich noch andere Wehrmachtsangehörige in Nordenau befanden.

Meine Mutter und ich sowie die junge Bäuerin mit ihren Kindern allerdings hatten die Wahl, entweder mit den anderen Bewohnern des Ortes in den Stollen zu gehen oder in die fensterlose Milchküche unseres Hofes, die an eine Felswand angebaut war und sich hinter der normalen Küche befand. Zwar würden wir auch dort eingeschlossen werden, doch das schien uns allemal besser, als im Stollen festzusitzen. Wir befürchteten nämlich, die Soldaten könnten über Nacht weiterziehen und vergessen, den Stollen wieder aufzuschließen. Dann hätten wir alle in der Falle gesessen, weil niemand mehr im Ort war, der uns hätte befreien können. Wenn wir jedoch in der Milchküche blieben, würden wir im Ernstfall schon irgendwie herauskommen und konnten den Eingeschlossenen zu Hilfe eilen.

Zu unserer Erleichterung stellte sich bald heraus, dass ein einziger Mensch nicht eingeschlossen worden war, und das war der Großvater, weil er die amerikanischen Soldaten mit seinen Lebensmittelvorräten bewirten musste. Dummerweise entdeckten sie auch seine Schnapsvorräte, denen sie eifrig zusprachen und ziemlich schnell betrunken waren, was den Großvater in große Sorge versetzte. Während der ganzen Nacht bewachte er ängstlich die Tür zur Milchküche, denn damals war die Angst vor Racheaktionen groß, und die deutsche Propaganda hatte dieses Feindbild geschürt, nicht nur, was die Russen anging. Wir aber blieben verschont.

Als der Krieg zu Ende war, begann das Hungern, denn die Vorräte waren geplündert, und zu kaufen gab es fast nichts, vor allem kein Brot. Also lernten wir, uns von Wildkräutern zu ernähren: Brennnesseln wurden zu einer Art Spinat und Löwenzahn zu Salat verarbeitet. Einmal hieß es, in Westernberg gäbe es Brot, da habe ein Bäcker seinen Laden wieder geöffnet, doch bis wir nach zwei Stunden Fußmarsch dort ankamen, war alles ausverkauft.

Die Rettung für uns kam durch meinen Vater, der ebenfalls den Krieg heil überstanden hatte und nun energisch alles daransetzte, uns so schnell wie möglich nach Hause zu holen.

Wochenlang hatten wir nichts von ihm gehört, wussten nicht, ob er den Krieg überlebt hatte, denn schließlich war meine Heimatregion Schauplatz heftiger Kämpfe gewesen, und zudem hatten die gewissenlosen braunen Herren, die all das unermessliche Leid ausgelöst hatten, auch noch den Befehl ausgegeben, beim Rückzug alles zu zerstören, damit nichts den Siegern in die Hände fiel. »Verbrannte Erde« nannten sie das. Gott sei Dank wurde dieser Befehl nicht konsequent in die Tat umgesetzt, und mein Vater kam ebenfalls unbeschadet davon.

Wenige Wochen nach Kriegsende tauchte er plötzlich mit einem kleinen, von einer Plane überspannten Pritschenwagen bei uns auf. Er versprach uns, dass er uns jetzt in die Heimat und an die »Fleischtöpfe« zurückbringen würde, denn in der niederrheinischen Tiefebene gab es viele große und ertragreiche Bauernhöfe, zu denen er freundschaftliche Kontakte unterhielt. Dort würde immer etwas für seine Familie abfallen.

Nachdem einige Behördengänge erledigt waren, konnten wir endlich aufbrechen – es war fast ein kleiner Treck, der da in Nordenau aufbrach, denn mit uns zogen auch andere Familien, die wie wir aus dem Rheinland stammten und jetzt Richtung Heimat strebten, um zu sehen, was ihnen geblieben war.

Die Fahrt verlief völlig problemlos, bis wir den Rhein erreichten, denn jetzt stellte sich die Frage, wie wir den breiten Strom mit dem Wagen überqueren sollten. Rheinauf und rheinab waren nämlich alle Brücken beim Rückzug der Wehrmacht gesprengt worden, und die provisorischen Pontonbrücken, die man beim Vormarsch der Alliierten errichtet hatte, waren eigentlich den Besatzungssoldaten und ihren Fahrzeugen vorbehalten. Mein geschickter Vater brachte mit seinem Organisationstalent jedoch irgendwie das Kunststück fertig, dass wir die Pontonbrücke bei Bonn-Beuel benutzen durften.

Bis zum Oktober 1945 hatten sich die Verhältnisse so weit normalisiert, dass die Schulen wieder geöffnet wurden. Ich kehrte in mein Internat auf dem Kalvarienberg zurück und durfte sogar eine Klasse überspringen, weil ich aufgrund des Privatunterrichts wesentlich weiter war als meine Klassenkameradinnen.

Wenn ich gedacht hatte, dass nun, da der Krieg vorbei war, das Leben leichter werden würde, so sah ich mich gehörig getäuscht. Der erste Winter ging ja noch, weil er nur mäßig kalt war und wir noch Heizmaterial hatten. Aber dann kam der Winter 1946/47 mit klirrender Kälte und Unmengen von Schnee. Die Situation im Internat war kaum auszuhalten, denn es war nicht nur wahnsinnig kalt, es gab auch so gut wie kein Brennmaterial mehr auf dem Kalvarienberg.

Solange noch kein Schnee fiel, gingen wir Schülerinnen in die umliegenden Wälder, um Reisig und Zapfen zu sammeln und auf diese Weise Brennbares zusammenzutragen. Es gelang uns jedoch nicht, bis zum richtigen Wintereinbruch so viel herbeizuschaffen, um ausreichende Vorräte anzulegen, denn sobald der Schnee den Waldboden bedeckte, fanden wir nichts mehr – und es gab viel Schnee in diesem Jahr.

Deshalb wurde bald im ganzen Kloster nur noch ein einziger Raum beheizt, das sogenannte Studienzimmer. In der Mitte des Raumes bullerte ein Kanonenofen, in dem man die Glut tüchtig schürte, sodass diejenigen, die direkt um ihn herum saßen, vor Hitze fast platzten, und die Schülerinnen auf den entfernteren Plätzen bekamen kaum etwas von der Wärme ab, und an den Fenstern blühten die Eisblumen in voller Pracht. Es dauerte nicht lange, da hatten die meisten von uns Erfrierungen an Händen und Füßen, und wir konnten nichts anderes dagegen tun, als Salbenverbände anzulegen. Am schlimmsten schmerzten die Frostbeulen, wenn wir in die Wärme kamen, die wir andererseits doch so sehr vermissten.

Ein weiteres Problem stellten die Mahlzeiten dar. Wie überall im Nachkriegsdeutschland war auch bei uns die Ernährungslage denkbar schlecht. Zum Frühstücksbrot gab es Kürbismarmelade, die meist steinhart gefroren war, dazu Eichelkaffee, der zwar nicht schmeckte, aber wenigstens warm war. Mittags stand dann eine dünne Gemüsesuppe auf dem Tisch, denn obwohl die Schwestern ihren großen Garten eifrig bebauten, reichte das Gemüse bei so vielen Leuten bei Weitem nicht aus.

Vom Glück begünstigt waren nur jene Mädchen, die von großen Bauernhöfen stammten und regelmäßig mit den begehrten Fresspaketen bedacht wurden. Sie erhielten dann jeden Tag von der Küchenschwester eine zusätzliche Ration aus ihren Paketen zugeteilt. Für uns andere war es hart, dies mitanzusehen – vor allem für jene, die wie meine Freundin Marianne von ihren Eltern gar nichts erwarten konnten. Doch eines Abends fand sie auf ihrem Teller ein Schinkenbrot und am nächsten Abend wieder. So ging das einige Abende weiter, und Marianne verzehrte mit Genuss die unverhofften Köstlichkeiten, bis ihr endlich ein Licht aufging. Ihr gegenüber saßen nämlich zwei Schwestern, Bauerntöchter, und sie hörte, wie die eine klagte: »Ich weiß überhaupt nicht, wie das möglich ist. Wir haben doch erst vor kurzem das Paket mit dem Schinken bekommen, und jetzt ist er schon alle.«

Um Gottes willen, dachte Marianne, das war bestimmt der Schinken, den sie gegessen hatte. Das musste ein Irrtum in der Küche gewesen sein. Sie ging zu Schwester Marcella und sagte: »Ihnen ist ein Fehler unterlaufen. Versehentlich haben Sie von dem Schinken der beiden Schwestern etwas auf meinen Teller getan.«

»Das war kein Versehen«, schmunzelte die alte Schwester.

»Aber Schwester Marcella!«, entsetzte sich Marianne. »Das dürfen Sie doch nicht tun! Sie können doch anderen Kindern nicht etwas wegnehmen, um es mir zu geben. Das will ich nicht.«

Die Küchenschwester ließ sich nicht aus der Ruhe bringen. »Kind, sei mal schön ruhig. Das macht die Schwester Marcella ganz allein mit dem Herrgott aus.«

Trotz Kälte und Hunger freuten wir uns auf Weihnachten, zumal wir endlich nach Hause fahren konnten. Meine Freundin Alice, die nicht weit von Jüchen zu Hause war, hatte nahezu den gleichen Heimweg wie ich. Ahrweiler lag in der französischen Besatzungszone, der Kölner Raum dagegen in der britischen Zone. In Remagen mussten wir die Grenze passieren, was normalerweise für Privatpersonen nicht schwierig war. Nun saßen wir aber in einem Zug, der mit Menschen überfüllt war, die ganz offensichtlich vom Hamstern kamen. Es handelte sich um Leute aus Düsseldorf, Köln und Bonn oder anderen großen Städten, die ins Ahrtal gefahren waren, um dort Wertgegenstände gegen Rotwein einzutauschen. Wein war zu jener Zeit neben Zigaretten zu einer Art Ersatzwährung geworden, mit der man auf dem Schwarzmarkt Lebensmittel und andere Dinge des täglichen Bedarfs erstehen konnte.

Weil die Franzosen jedoch verboten hatten, Wein auszuführen, fanden in den Zügen regelmäßig Kontrollen statt. Wenn die Schmuggler dabei auf einfache

Soldaten stießen, war das kein Problem – die nahmen ihnen einfach die Flaschen ab und steckten sie heimlich ein. Waren aber Offiziere unter den Kontrolleuren, verlief die Sache anders, denn die Flaschen wurden zwar ebenfalls requiriert, dann jedoch Stück für Stück an der Bahnsteigkante zerschlagen.

Genau eine solche Szene spielte sich an dem Tag ab, als wir in die Weihnachtsferien fuhren. In Remagen wehte nicht nur über dem Bahnhofsgelände ein lieblicher Rotweinduft, sondern das ganze Bahngelände war mit roten Lachen und Scherben übersät, und die französischen Kontrollbehörden beschlossen, für diesen Tag keinen Zug mehr passieren zu lassen – weder in der einen noch in der anderen Richtung.

Außer Alice und mir gab es noch einige andere Kinder, die nach Norden wollten. Wir taten uns also zusammen und tippelten bis zur Straßensperre, wo es von einer Zone in die andere ging, und hofften, dass uns vielleicht ein Auto mitnehmen würde. Wir hatten Glück, denn bald sahen wir einen Personenwagen näher kommen. Die Grenzbeamten hielten ihn an, kontrollierten die Papiere und das Fahrzeug. Das war unsere Chance, und freundlich fragten wir bei dem Fahrer an, ob er uns mitnehmen könne. Kein Problem, meinte er, doch leider war nur Platz für zwei von uns. Da Alice und ich die Ältesten waren, beschlossen wir, den Jüngsten, zwei elfjährigen Mädchen, den Vortritt zu lassen. Wir schärften dem netten

Autofahrer noch ein, dass er die beiden bis zu ihren Eltern bringen musste, was er auch versprach, und erklärten ihm genau, wo sie wohnten.

Wenig später tauchte ein Lastwagen mit Anhänger auf, der ebenfalls kontrolliert wurde. Der Fahrer war sofort bereit, die restlichen acht Mädchen mitzunehmen. Über die Anhängerkupplung kletterten wir in den mit einer Plane überspannten Pritschenwagen.

Plötzlich jedoch hatte es der Mann – aus uns unbekannten Gründen – sehr eilig, wegzukommen. »Rasch, rasch!«, rief er und fuhr los, ohne darauf zu achten, ob schon alle aufgestiegen waren. Irgendwie kam uns die Situation äußerst dramatisch vor – in diesen unsicheren Zeiten wusste man ja nie. Nicht alle aus der Gruppe schafften es, auf den Wagen zu steigen, und andere, die gerade dabei waren, über die Kupplung zu klettern, konnten wir nur mit Mühe festhalten und auf die sichere Pritsche ziehen, sonst wären sie womöglich unter die Räder des Anhängers gekommen. Der Schreck steckte uns allen noch lange in den Knochen, in die zusätzlich auf dem zugigen Wagen die bittere Kälte kroch, doch schließlich überwog das Glücksgefühl, endlich in Richtung Heimat unterwegs zu sein.

Nach und nach stiegen unsere Weggefährtinnen eine nach der anderen aus, bis schließlich nur noch Alice und ich übrig waren. Mittlerweile war es dunkel geworden, als plötzlich der Wagen mit einem Ruck anhielt und der Fahrer lapidar sagte: »Steigt aus. Von hier aus müsst ihr allein weiter.«

Irgendwo in der Finsternis erkannten wir, dass wir uns am äußersten Stadtrand von Köln befanden. Aber die Stadt gab es eigentlich nicht mehr, denn sie war eine einzige Trümmerwüste ohne Beleuchtung und Straßenschilder, die uns die Orientierung erleichtert hätten. Ziellos stolperten wir eine Zeit lang über Steine und Balken, bis wir endlich in weiter Ferne die Silhouette des Domes ausmachen konnten, der wie durch ein Wunder stehen geblieben war. Jetzt hatten wir endlich einen Anhaltspunkt, auf den wir zusteuern konnten, zumal sich unsere Augen nach und nach an die Dunkelheit gewöhnten.

Trotzdem war uns unheimlich zumute, als wir so mutterseelenallein durch diese scheinbar ausgestorbene Stadt stapften und gegen den Nachthimmel deutlich die Umrisse der Ruinen und Trümmerberge wahrnahmen. Meine Freundin jammerte ein ums andere Mal: »Ach, ich habe solche Angst!«

Angst hatte ich auch, aber was half es? Wir mussten schließlich weiter. Endlich hatten wir uns bis zum Hauptbahnhof durchgekämpft, der ja ganz nah am Dom liegt. Der einzige Zug, der überhaupt noch in unsere Richtung fuhr, ging erst gegen Mitternacht und endete schon in Pullheim, was noch nicht einmal ein Drittel der Strecke ausmachte. Wir wussten nicht, was wir tun sollten. Auf jeden Fall wollten wir vom

Bahnhof weg, wo es nicht nur bitterkalt war, sondern auch von Schwarzhändlern nur so wimmelte.

Zunächst steuerten wir ein erleuchtetes Restaurant in der Nähe an und waren froh, wenigstens ein sogenanntes Heißgetränk zu bekommen – nichts anderes als heißes Wasser mit ein bisschen Farbe drin, aber so durchgefroren, wie wir waren, tat es uns gut. Dazu packten wir unsere Brote aus, die Schwester Marcella uns liebevoll hergerichtet hatte, inzwischen jedoch leider steinhart gefroren waren. Unsere Freude währte nicht lange, denn schon bald ersuchte man uns höflich, das Lokal zu verlassen, weil es geschlossen wurde. Also blieb uns nichts anderes übrig, als wieder zurück zum Bahnhof zu gehen und uns in den bereits wartenden Zug nach Pullheim zu setzen, in dem wir erbärmlich froren. Wir zählten die Minuten bis zur Abfahrt, doch wir mussten noch Stunden warten, denn die Tatsache, dass ein Zug bereitstand, bedeutete keineswegs auch seine baldige Abfahrt.

An der Endstation angekommen, standen wir erneut auf der Straße. Was nun? Bis zu uns nach Hause wandern, bei Nacht und Nebel, erschien uns unmöglich. Da kam uns Felicitas in den Sinn, eines der beiden kleinen Mädchen, die wir am Morgen dem wildfremden PKW- Fahrer anvertraut hatten. Wir wussten, dass ihr Vater in Pullheim eine Firma besaß, die Landmaschinen vertrieb – die musste doch zu finden sein.

Sollte man denken, doch da der Bahnhof sich außerhalb des Ortes befand, hatten wir nicht einmal eine vage Vorstellung davon, wo Pullheim überhaupt lag und in welche Richtung wir gehen mussten.

Der Zufall kam uns zu Hilfe in Gestalt des Bahnbeamten, der noch den letzten Zug abgewartet hatte und gerade aus dem Gebäude trat. Ihn fragten wir, bevor er sich auf sein Rad schwingen und davonfahren konnte, nach dem Weg, und nachdem sich unsere Augen erneut an die Dunkelheit gewöhnt hatten, schlugen wir tastend die angegebene Richtung ein und hofften inständig, bald bei Felicitas und in Sicherheit zu sein.

Weit nach Mitternacht standen wir dann endlich am Eingang des schlafenden, völlig dunklen Ortes, den auch nicht der geringste Lichtschein erhellte. Es schien, als ob sich alles gegen uns verschworen hätte, selbst Mond und Sterne, als wir plötzlich am anderen Ende des Dorfes – wie ein verirrtes Seelchen – ein winziges Licht entdeckten, auf das wir zusteuern und trotz der späten Stunde anklopfen und schüchtern nach dem Haus von Felicitas fragen konnten. Gottlob waren die Leute nett und erklärten uns den Weg.

Endlich, endlich schienen wir am Ziel zu sein, doch bei Felicitas öffnete niemand. Wie wir später erfuhren, hatten die Menschen Angst vor herumstreunenden Gruppen ehemaliger Zwangsarbeiter, die einst von den Deutschen in den besetzten Ländern aufgegriffen und nach Deutschland verschleppt worden waren. Nicht alle hatten wieder nach Hause gefunden, manche waren völlig entwurzelt und zogen auf der Suche umher nach Dingen, die sie zu Geld machen konnten. Deshalb hatten es sich die Bewohner einsam gelegener Häuser und Gehöfte auf dem Land angewöhnt, alles zu verrammeln und auf keinen Fall die Tür zu öffnen.

Wir zogen also wieder und wieder am Glockenseil. Aber es tat sich nichts. Erst als wir aus voller Kehle immer wieder nach Felicitas schrien, merkten die Hausbewohner wohl endlich, dass keine Gefahr drohte. Jetzt kam Leben in die Bude! Wir hörten Geräusche im Haus, sahen hin und her huschenden Kerzenschein, und Schritte näherten sich der Haustür.

In diesem Moment waren wir es, die es mit der Angst zu tun bekamen. Hoffentlich war Felicitas überhaupt heil zu Hause angekommen! Was, wenn die beiden kleinen Mädchen, die wir in gutem Glauben am Morgen einem wildfremden Menschen anvertraut hatten, nicht wohlbehalten zu Hause abgeliefert worden waren? Was, wenn sich jetzt die Tür öffnete und die Eltern uns nach dem Verbleib ihrer Tochter fragen würden? Was, wenn sie uns bittere Vorwürfe machten, denn wir wären schließlich nicht einmal in der Lage gewesen, ihnen zu sagen, wo sie sich überhaupt befand?

Als unsere im Flüsterton geäußerten Bedenken an diesem Punkt angelangt waren, hätten wir am liebsten die Beine in die Hand genommen und wären getürmt. Dazu jedoch war es zu spät, denn die Haustür öffnete sich, und uns fiel ein Riesenstein von der Seele, denn vor uns standen zwei freundliche Erwachsene und dahinter ein kleines Mädchen im Nachthemd, das uns in diesem Moment vorkam wie ein Weihnachtsengel.

Felicitas war bereits am frühen Abend wohlbehalten zu Hause angekommen, und zum Dank für unsere Fürsorge nahmen die Eltern uns jetzt bereitwillig auf. Wir waren gerettet, bekamen zu essen und zu trinken und ein warmes Bett, in dem wir wie die Murmeltiere schliefen.

Nur unsere armen Eltern, die fest mit unserer Ankunft gerechnet hatten, wussten nichts über unseren Verbleib, doch am anderen Morgen konnten wir problemlos weiterreisen und wurden von unseren Eltern glückstrahlend in die Arme geschlossen.

Meine Mutter erzählte mir, welch schreckliche Nacht sie verlebt hatte: Immer wieder habe sie die Hand aus dem Fenster gestreckt, um zu fühlen, wie kalt es sei, und voller Angst darüber nachgedacht, wie lange man wohl bei solcher Kälte überleben könne.

Nachdem dieses Abenteuer ein gutes Ende gefunden hatte, beschlossen meine Eltern, dass ich nicht mehr auf den Kalvarienberg zurückkehren sollte. Sie wollten weder sich noch mich jemals wieder in eine solche Situation bringen. Daher meldeten sie mich nach den Weihnachtsferien in Mönchengladbach in der Marienschule an, und so wurde ich doch noch für über zwei Jahre Fahrschülerin – übrigens gemeinsam mit Alice, die ebenfalls nicht mehr nach Ahrweiler zurückkehrte.

Von Jüchen nach Mönchengladbach sind es nur achtzehn Kilometer, was auch damals eigentlich kein Problem gewesen wäre, hätte es nicht mit dem Sieben-Uhr-Zug eine besondere Bewandtnis gehabt, denn um diese Uhrzeit fuhren nicht nur Schüler und Berufstätige, sondern auch all jene, die vom nächtlichen Kohlenklau zurückkamen. Obwohl wir mittlerweile das Jahr 1947 schrieben, herrschte noch immer Mangel an allen Dingen des täglichen Bedarfs, darunter auch an Heizmaterial. Deshalb strömten die Bewohner der ganzen Region nachts in das Braunkohlengebiet um Grevenbroich und Frimmersdorf, um sich zu bedienen, wenn beim Beladen der Güterwaggons etwas abfiel – oder auch, um nachzuhelfen, dass Briketts von den offenen Wagen fielen. Eigentlich war das Diebstahl, und man durfte sich nicht erwischen lassen, doch niemand hatte ein schlechtes Gewissen. Kein Geringerer als der Kölner Kardinal Frings hatte mit seinem Ausspruch: »Was man zur Existenzsicherung entwendet, ist kein Diebstahl, das ist ›Fringsen‹«, diese Beschaffungsmaßnahme kirchlicherseits legalisiert.

Jeden Morgen traf ich also im Zug auf die übermüdeten Menschen, die von ihrer nächtlichen »Fringstour« zurückkamen. Wenn sich beim Halt in Jüchen die Zugtüren öffneten, war der Zug bereits proppevoll, und meist bekamen wir nur noch einen Platz auf den prallen Kohlesäcken, die überall herumstanden.

Als ich endlich das Abitur in der Tasche hatte, begann ich ein Studium der Volkswirtschaft an der Universität Bonn. Genauer gesagt studierte ich in Bad Godesberg, denn an der teilweise im Krieg zerstörten Alma Mater waren noch nicht wieder alle Gebäude im bezugsfähigen Zustand, und dazu gehörte leider auch meine Fakultät, die aus diesem Grund ins beschauliche Godesberg ausgelagert worden war.

Wenn es nach meinen Wünschen gegangen wäre, hätte ich Chemie vorgezogen, doch mein Vater beharrte auf Volkswirtschaft, damit ich in der Lage wäre, später seine Kleiderfabrik zu leiten. Mein Bruder kam dafür nicht in Betracht, weil er die Kerzenfabrik aus der mütterlichen Familie übernehmen sollte. Also zeigte ich mich einsichtig und wählte das vom Vater vorgeschlagene Studium, wechselte jedoch nach zwei Semestern an die Universität Freiburg, weil ich dort mehr Gewicht auf Betriebswirtschaft legen konnte.

Ein Wechsel des Studienplatzes war damals kein Problem, wohl aber die Suche nach einem Studentenzimmer, denn in den vom Krieg zerstörten Städten war Wohnraum knapp. Der Zufall kam mir zu Hilfe, denn der Bruder einer Kommilitonin studierte in

Freiburg und bekam jetzt den Auftrag, für mich eine Bude aufzutreiben.

Dieser Bruder wiederum hatte einen Freund, der für eine Bekannte aus Münster ein Zimmer beschaffen sollte, und die beiden Herren machten sich die Sache sehr leicht. Anstatt nach zwei einzelnen Räumen Ausschau zu halten, griffen sie gleich zu, als ihnen ein Doppelzimmer angeboten wurde. Als ich davon erfuhr, ergriff mich Entsetzen. Mit einer wildfremden Person sollte ich ein Zimmer teilen? Was, wenn sie komische Marotten hatte? Was, wenn sie eine unausstehliche Person war?

Wohl oder übel musste ich jedoch in den sauren Apfel beißen und fuhr mit zwiespältigen Gefühlen nach Freiburg. Mein ganzes Gepäck bestand aus einem Koffer und einer Aktentasche voller Bücher, die ich durch die halbe Stadt bis zur angegebenen Adresse schleppte, einer Hauswirtschaftsschule, in deren Hauptgebäude neben dem Schülerwohnheim noch ein kleines Altenheim untergebracht war. Die Zimmer für die Studentinnen lagen dagegen in einem Hintergebäude, wo vormals, als das Anwesen ein Gut gewesen war, vermutlich Knechte und Mägde gehaust hatten.

Die Einrichtung war mehr als spartanisch: Rechts und links vom Fenster befand sich je ein Eisenbett, und in der Mitte des Raumes stand ein Tisch mit zwei Stühlen. An der Wand neben der Tür gab es eine Kommode mit Waschschüssel und einem Krug darauf, mit dem man sich das Wasser von der Zapfstelle im Gang holen konnte. Die Toilette für alle sechs Studentinnen dieser Wohneinheit befand sich ebenfalls auf dem Flur.

Da ich vor meiner Mitbewohnerin, von der ich nicht einmal den Namen wusste, angekommen war, belegte ich das linke Bett und richtete mich, so weit es ging, häuslich ein. Obwohl es für das Abendessen noch ein bisschen zu früh war, ging ich nach dem Auspacken in den Speisesaal der Hauswirtschaftsschule. An den langen Tischen saßen bereits einige Mädchen, die sich gedämpft unterhielten. Ich nahm an einem der Tische Platz und betrachtete die Mädchen forschend. Ob wohl eine von ihnen meine Zimmergenossin war?

In diesem Moment betrat ein anderes junges Mädchen den Raum, und ich dachte, dass ich so eine wie sie gerne als Mitbewohnerin hätte. Obwohl noch viele Plätze frei waren, setzte sie sich genau neben mich und stellte sich vor. Schnell fanden wir heraus, dass wir wirklich künftig das Zimmer teilen würden.

Erleichtert atmeten wir beide auf, denn auch sie hatte ähnliche Befürchtungen gehegt wie ich. Grundlos, denn zwischen uns entstand auf den ersten Blick eine tiefe Sympathie, die nicht nur die ganze Studienzeit über anhielt, sondern sich zu einer Freundschaft fürs Leben entwickelte, in die später auch unsere Ehemänner miteinbezogen wurden.

Wintervorräte

Nanni, Jahrgang 1928, aus Kössen/Tirol

Wenn ich an meine Kindheit zurückdenke, so habe ich den Eindruck, dass unser Leben nur daraus bestand, Vorräte für den Winter anzulegen.

Im Frühjahr fing das mit Rübensetzen und Rübenziehen an, und mit Heumachen ging es weiter. Schon als kleines Mädchen, noch bevor ich in die Schule kam, wurde ich für solche Tätigkeiten eingespannt. Für mich und meine um ein Jahr ältere Schwester gab es extra kleine Rechen, mit denen wir erst das Heu wenden und es später zu Haufen zusammenharken mussten. Schön fand ich es, wenn das Heu aufgeladen wurde, denn dann war es meine Aufgabe, das Pferd am Zügel von Heuhaufen zu Heuhaufen zu führen.

Schwierigere Sachen wie Melken und mit der Sense mähen lernte ich erst später, als ich älter war und schon die Schule verlassen hatte. Da wurde mir auch beigebracht, dass es Wiesen gab, die nur einmal im Jahr gemäht wurden, und andere, bei denen man zweimal ran musste. Als kleines Kind hatte ich davon keine

Ahnung – da war jede Wiese für mich gleich und vor allem mehr ein Spiel- als ein Arbeitsplatz.

Überhaupt betrachteten wir all diese Tätigkeiten, bei denen wir eingesetzt wurden, zunächst als Spiel, aber das waren sie nicht, denn nach und nach wuchsen wir wie unsere große, sieben Jahre ältere Schwester zu vollwertigen Arbeitskräften heran. Je älter ich wurde, desto mehr lernte ich, und desto verantwortungsvoller wurden meine Aufgaben.

Im Sommer ging es an die Getreideernte. Zuerst kam der Roggen dran, dann der Weizen. Alles mähten der Vater und der Knecht damals von Hand. Gerste, Hafer und Flachs wurden in meiner frühen Kindheit noch mit der Sichel gemäht – eine Arbeit, die auch Frauen erledigten, und so wurden hierfür immer Aushilfen aus dem Dorf angestellt. Die Aufgabe von uns Mädchen war es, aus Stroh Seile zu drehen und die Garben zu binden.

Kaum war das Getreide eingebracht, nahte die Kartoffelernte. Das hieß, sich den ganzen Tag über bücken zu müssen, sodass man abends ganz krumm und mit Rückenschmerzen heimkam und sich vor dem nächsten Tag fürchtete, aber so war das nun einmal auf dem Land. Wir lebten von den Erträgen unserer Äcker, und da musste man oft die Zähne zusammenbeißen.

Ab Ende August bis in den Oktober hinein waren wir außerdem im Haus mit den Obst- und Gemüsevorräten für den Winter beschäftigt. In unserem Garten wuchsen neben allerlei Obstsorten reichlich Erbsen und Bohnen, Weißkraut und Möhren.

Die Bohnenpflanzen mussten für mehrere Tage über Stangen in die Sonne zum Trocknen gehängt werden. Allerdings waren die Gestelle überdacht, sodass die Pflanzen nicht nass wurden. Waren sie trocken genug, legte man sie auf eine große Plane und drosch sie mit Dreschflegeln.

Kraut und Schalen benutzte man als Streu fürs Vieh, die Bohnen selbst füllte man in Leinensäckchen und hängte sie unterm Dach auf, damit die Mäuse sie nicht erreichen konnten. Im Winter kamen sie dann als herzhafte Bohnensuppe mit Speck auf den Tisch. Ähnlich verfuhr man mit den Erbsen, die ebenfalls einen wichtigen Platz auf der winterlichen Speisekarte einnahmen.

Als Nächstes musste Kraut eingemacht werden. Die Kohlköpfe wurden mit dem Messer halbiert und mit einem speziellen Hobel in feine Streifen geschnitten, die dann Lage für Lage in ein großes Holzfass geschichtet, mit Salz bestreut und mit einem Holzstampfer kräftig gestampft wurden. War das Fass voll, wurde es mit zwei halbrunden Brettchen abgedeckt und mit einem dicken Stein beschwert. Wenn es einige Wochen im kühlen Keller gegärt hatte, war das Kraut fertig zur Weiterverwertung.

Von allen Gemüsesorten verursachten Möhren die

wenigste Arbeit, denn sie wurden einfach in eine Mulde im Boden gelegt und mit Sand bedeckt – auf diese einfache Weise blieben sie den ganzen Winter über saftig, als wären sie frisch geerntet.

Obst in Gläsern einzumachen, war damals bei uns nicht üblich. Äpfel, Zwetschgen und Birnen wurden vielmehr in einem speziellen Ofen gedörrt und bildeten dann eine unerlässliche Zutat für unser weihnachtliches Früchtebrot, das wir alle liebten. Ein Weihnachtsfest ohne diese Leckerei wäre für uns nicht denkbar gewesen, und damit wir an den Feiertagen genug davon hatten, wurde schon lange vorher mit dem Backen angefangen.

Außer getrockneten Birnen und Zwetschgen kamen noch Rosinen ins Kletzenbrot. Weil jedoch die echten Rosinen, die kernlosen nämlich, für unsere Verhältnisse zu teuer waren, verwendeten wir Zibeben. So nannte man die großen Rosinen mit den Kernen, die wesentlich billiger im Laden angeboten wurden. Das Brot schmeckte damit zwar genauso gut, aber die Kerne haben leider beim Essen immer gestört, und deshalb leisteten wir uns nach dem Krieg, als die Zeiten zum Glück auch für uns besser wurden, die echten, die guten Rosinen.

Im Übrigen wurde das Weihnachtsfest bei uns sehr bescheiden gefeiert. Der Vater brachte einen Baum aus unserem Wald mit, der in der Stube aufgestellt und geschmückt wurde. Anfangs hatten wir nur sehr spärlichen Schmuck, ein paar silberne Kugeln und ein bisschen Lametta, doch dann schenkte mir eine alte Frau ihren Christbaumschmuck, und seitdem war unser Christbaum eine wahre Pracht.

So etwas hatten wir zuvor nie gesehen – bunte Kugeln, darunter ein Füllhorn und zierliche Vögel und alles aus hauchzartem Glas.

Die Geschenke, die unter dem Baum lagen, waren spärlich und praktisch. Meist gab es zu Weihnachten ein Paar Socken, einen Schal oder eine Mütze, für die Knechte meist ein Hemd und für die Mägde eine Schürze.

Aber wir waren zufrieden, aßen unser Früchtebrot und andere selbst gebackene Kekse sowie Äpfel und Nüsse, die ebenfalls auf dem Weihnachtsteller lagen. Außerdem gehörten Buchteln zu Weihnachten wie das Amen in der Kirche. Das sind bohnengroße schwarze Schoten, die man anderswo – glaube ich wenigstens – Johannisbrot nennt. Die mussten wir zwar kaufen, aber es war Tradition, dass es sie an Weihnachten gab.

Außer dem Anlegen der Nahrungsvorräte gab es zu Beginn des Winters noch ein anderes Ritual, nämlich ein großes Waschen und Reinemachen. Zum Waschen hatten wir ein eigenes Waschhaus, in dem sich über die Sommermonate Berge von Schmutzwäsche angesammelt hatten. Weil das Waschen damals ohne

Waschmaschine eine schwere und zeitaufwändige Arbeit war, ließ sich das nicht so nebenbei erledigen, und es wurden dabei viele fleißige Hände gebraucht.

Zumindest auf dem Land kannte man noch keine Fertigwaschmittel, sondern wusch alles mit Aschenlauge, die aus sauberer Buchenasche hergestellt wurde. Tagelang verfeuerten wir nur reine Buche im Ofen, und sobald genug Asche beisammen war, wurde sie in den Waschkessel aus Zink gegeben, mit Wasser aufgefüllt und in der Küche auf den Herd gesetzt.

Unterdessen schichtete man im Waschhaus die Wäsche in den großen Waschbottich, wobei die besonders schmutzigen Stücke mit Kernseife vorbehandelt wurden. Zuunterst in den Bottich kamen die groben Leintücher, dann die Kopfkissenbezüge; es folgten die Tischtücher, die Handtücher, die Bettbezüge und ganz zum Schluss die Leibwäsche. Darüber deckte man das Aschentuch, das dazu diente, die Asche aufzufangen.

Sobald die Aschenlauge kochte, schleppte man sie zu zweit ins Waschhaus und schöpfte sie mit einem hölzernen Gefäß über das Aschentuch. Das Laugenwasser sickerte dann langsam durch alle Schichten nach unten, und war die Wäsche lange genug eingeweicht, zog man den Holzstöpsel am Boden des Bottichs, um das Wasser abzulassen. Es wurde aufgefangen, wieder aufgekocht und erneut über die Wäsche gegossen.

Die ganze Prozedur wiederholte sich sieben Mal,

und von Mal zu Mal wurde das Wasser dunkler – ein Zeichen dafür, dass der Schmutz sich nach und nach aus der Wäsche löste. Nach dem letzten Einweichvorgang wurde die Lauge jedoch keineswegs weggeschüttet, denn jetzt musste darin noch die Stallkleidung gewaschen werden, darunter manchmal vierzig bis fünfzig bunte Hemden. Ganz zum Schluss wurden mit der Lauge noch die Küche und der Hausgang geputzt, sodass alles ganz frisch roch, und dieser Geruch ist für mich noch heute eine meiner schönsten Kindheitserinnerungen.

Nach dem Einweichen wurde jedes einzelne Wäschestück entweder gebürstet oder auf dem Waschbrett gescheuert und anschließend in vier Wannen ausgeschwemmt, einmal warm und dreimal kalt. Weiße Wäsche wurde anschließend auf ein frisch gemähtes Wiesenstück zum Bleichen gelegt und zwischendurch mehrmals begossen. Buntwäsche kam zum Trocknen auf die Leine. Auf diese mühsame Art hat man bei uns selbst nach dem Krieg noch viele Jahre lang gewaschen – nur für weiße Hemden und Blusen setzte sich schon vorher industriell hergestelltes Waschpulver durch.

Man kann es sich heute kaum vorstellen, doch nachdem diese Waschtage im Herbst vorbei waren, sammelte man den ganzen Winter über erneut die Schmutzwäsche im Waschhaus. Es gab also nur zwei große Wäschen pro Jahr – im Frühjahr und im

Herbst –, denn im Sommer hatte man für so etwas keine Zeit. Da war die Arbeit auf den Feldern wichtiger, und im Winter war es einfach zu kalt, und die Wäsche wäre zudem nicht trocken geworden. Weil man unter solchen Umständen natürlich keinen großen Aufwand mit dem Wechseln von Kleidung und Wäsche treiben konnte, wie das heute üblich ist, brauchte man einiges an Vorrat, um einigermaßen über die Runden zu kommen.

Es gab viel Schnee in meiner Kindheit, und die Straßen wurden mit einem Holzschneepflug, vor den zehn Pferde gespannt waren, geräumt. Die Bauern mussten dafür dem Straßenmeister ihre Rösser zur Verfügung stellen. Fürs Schneeräumen auf unserem Hof hatten wir einen eigenen kleinen Pflug. Schön fand ich es im Winter immer, wenn wir einmal unsere wunderschöne Kutsche auf Kufen benutzten, was leider viel zu selten der Fall war. Eigentlich holte der Vater sie nur heraus, wenn auswärts eine Beerdigung stattfand, während wir den sonntäglichen Kirchgang, einen Weg von dreißig Minuten, immer zu Fuß zurücklegen mussten.

Mein Leben veränderte sich mit einem Schlag, als ich neun Jahre alt war. Als ich eines Tages im Februar von der Schule nach Hause kam, lag die Mutter in ihrem Bett. Meine große Schwester, inzwischen sechzehn Jahre alt, die seit ihrer Schulentlassung im Haushalt half, erzählte mir, was geschehen war: An diesem Vormittag hatte die Mutter am Küchenherd gestanden, als sie plötzlich umfiel. Nachdem sie sie ins Bett geschafft hatten, spannte der Vater die Kutsche an und holte den Arzt, der einen Schlaganfall feststellte, obwohl sie gerade erst einundfünfzig Jahre alt war.

Von da an durfte man sie nicht mehr allein lassen. Einer von uns musste stets bei ihr sitzen und sie beobachten. Ganz ruhig lag sie in den Kissen und schien kaum zu atmen. Manchmal dachte ich schon, sie sei gestorben. Medikamente, die wirklich halfen, standen damals noch nicht zur Verfügung, und der Arzt beschränkte sich auf altbekannte Prozeduren. So nahm er täglich Blut aus dem gesunden Arm ab und spritzte es in den gelähmten.

Nach vierzehn Tagen endlich öffnete die Mutter zum ersten Mal wieder die Augen, und bald darauf begann sie zu sprechen. Zwar kamen ihr die Worte schwer über die Lippen, aber sie klangen ganz vernünftig und in keiner Weise verwirrt. Es dauerte noch einige Monate, bis sie wieder auf die Beine kam – nur mit dem Arbeiten wurde es nichts mehr. Sie konnte lediglich Anweisungen geben, und künftig mussten wir Mädchen uns um den Haushalt kümmern, was vor allem für meine mittlere Schwester bitter war, weil sie eigentlich geplant hatte, nach Innsbruck auf die höhere Schule zu gehen.

Der Vater versuchte, uns für die Mehrarbeit zu

entschädigen. So durften wir im Sommer immer wieder zum Baden und im Winter zum Skifahren gehen. Obwohl wir in den Bergen lebten, war es in meiner Kindheit durchaus nicht üblich, dass man Ski fahren konnte. Aber uns hatte das der Lehrer beigebracht, der auch regelmäßig Ausflüge mit uns unternahm.

Der Unterricht begann damit, dass jeder Schüler sich Skier besorgen musste, und wenn die Eltern keine kaufen wollten oder konnten, dann musste man eben schauen, wie man sich welche besorgen konnte. Auch wenn es nicht immer einfach war – der Skiunterricht war Pflicht, und da kannte unser Lehrer absolut kein Pardon.

Die Skier von damals waren primitiv, hatten keine Kanten und nur eine einfache Bindung, und da Skilifte ebenfalls unbekannt waren, befestigte man Felle unter den Brettern, damit man beim Aufstieg nicht abrutschte. Waren wir endlich oben am Ziel, schnallten wir die Felle ab und banden sie uns um den Bauch, damit sie nicht verloren gingen. Der Lehrer machte ein paar Schwünge vor, und wir mussten ein paar Mal üben, bis wir losfahren durften. Es war zwar mehr ein Hinabkugeln als ein Fahren, doch es machte einen riesigen Spaß. Sobald wir unten waren, stiegen wir wieder auf, und nach einiger Zeit konnten wir einigermaßen passabel Ski fahren. Ich selbst bin seitdem eine so begeisterte Skifahrerin, dass ich im Winter jede freie Minute nutze, um mich auf meine inzwischen komfortablen Bretter zu stellen und die Hänge hinabzuschwingen.

Als wir das erste Mal mit unserem Lehrer im Tiefschnee den Berg hinaufstiegen, waren alle mit großem Eifer dabei, bis auf einen, der von vornherein lieber zu Hause geblieben wäre und so gar kein Interesse für diesen schönen Sport zeigte. Das war uns allen unverständlich, und auch unser Lehrer bestand darauf, dass er mitkam. Wenn die ganze Klasse statt Unterricht zum Skifahren ging, konnte er doch nicht allein in der Schule zurückbleiben, und so kam er ausgesprochen widerstrebend mit. Als der Lehrer allerdings irgendwann seine Schäfchen zählte, musste er feststellen, dass es dem lustlosen Schüler gelungen war, sich abzusetzen. Als der Lehrer daraufhin ins Tal hinabfuhr, um ihn zu suchen, fand er den verhinderten Skifahrer fröhlich und mit einer Zigarette in der Hand beim Gasthaus vor! Das Donnerwetter kann man sich vorstellen, denn der Bursche war erst dreizehn Jahre alt.

Einige Jahre führte meine älteste Schwester den Haushalt, dann kam die zweite an die Reihe und nach meiner Schulentlassung schließlich ich. Auch ohne die Krankheit meiner Mutter wäre ich ganz selbstverständlich zu Hause geblieben. Ich sah das damals sogar als Vorzug an, weil meine Eltern es sich leisten konnten, ihre Töchter im Haus zu behalten, anstatt sie als Mägde auf andere Höfe zu schicken, wie es in armen Bauernfamilien üblich war.

Bei uns dienten eine Anzahl solcher Knechte und Mägde, aber niemand machte einen Unterschied zwischen ihnen und der Familie. Sie saßen mit uns am Tisch und aßen das Gleiche wie wir. Die Mutter meinte immer, es sei schlimm genug, dass sie sich in der Fremde ihr Brot verdienen müssten.

Wir hatten jedoch eine Großtante, die gegenteiliger Ansicht war. Diese Schwester meiner verstorbenen Großmutter kam gelegentlich zu uns ins Haus, um in der Küche zu helfen. Einmal meinte sie, sie müsse für uns Kinder etwas Besseres kochen als für die Angestellten, und damit diese das nicht mitbekamen, servierte sie uns unser Essen in der Küche. Der Vater, der bereits mit den Knechten und Mägden in der Stube am Esstisch saß, wunderte sich, wo wir blieben. Als er dann die Extrabehandlung entdeckte, wurde er sehr böse. Wir mussten alles stehen und liegen lassen und mit ihm in die Stube gehen.

Im ersten Moment war ich enttäuscht, denn es hatte mir schon gefallen, etwas besonders Gutes zu bekommen, doch bald sah ich ein, dass mein Vater recht gehabt hatte, und nahm mir sein ausgeprägtes Gerechtigkeitsgefühl seit diesem Tag zum Vorbild.

Übrigens trieb man mit Geschirr und Besteck keinen großen Aufwand, denn meist stand auf dem Tisch nur eine große Schüssel, aus der alle schöpften. Dazu benutzte jeder seinen Löffel, der nach Gebrauch an der Tischdecke abgewischt und in die Schublade am eigenen Platz gelegt wurde.

Mit der Zeit verfiel unsere Mutter immer mehr. Acht Jahre nach dem Schlaganfall konnte sie endgültig nicht mehr aufstehen und war dankbar, wenn eine ihrer Töchter sich die Zeit nahm, eine Weile neben ihrem Bett zu sitzen. Besonders freute sie sich über die Besuche meiner ältesten Schwester, die damals bereits verheiratet war und ein Kind hatte.

Eines Morgens, nachdem ich ihr das Frühstück gebracht hatte, wollte die Mutter, dass ich mit ihr betete. Sie wirkte so traurig, wie ich sie noch nie gesehen hatte. Auf einmal weinte sie und entschuldigte sich: »Es tut mir so leid, ich kann gar nichts mehr für euch tun. Die ganze Arbeit müsst ihr allein machen, und dazu müsst ihr mich noch pflegen.«

»Ach, Mutter«, antwortete ich. »Mach dir deswegen keine Sorgen. Uns geht es gut, und mit dir haben wir nicht viel Arbeit.«

Ich räumte das Frühstücksgeschirr ab und brachte es nach unten. Inzwischen war meine Schwester mit dem Kleinen angekommen und ging, wie jeden Morgen, hinauf, um der Mutter das Kind zu bringen. Da fand sie sie leblos neben dem Bett sitzend. Der herbeigerufene Arzt konnte nur noch den Tod feststellen. Sie hatte wohl einen weiteren Schlaganfall erlitten, vermutete er. Für sie war es eine Erlösung, für uns aber ein schwerer Schlag, denn obwohl sie so lange krank gewesen war, konnten wir uns nicht an den Gedanken gewöhnen, dass das Leben jetzt ohne sie weitergehen musste.

Das Mädchen mit der Ziehharmonika

Gisela, Jahrgang 1927, aus Bochum

Mein Vater, der eigentlich gedacht hatte, er würde sein Leben lang einen sicheren Posten bei der Stadtverwaltung Hattingen haben, wurde durch den Ersten Weltkrieg völlig aus der Bahn geworfen.

Nachdem es schon schien, als würde er heil nach Hause zurückkehren können, erlitt er noch ganz zum Ende einen Lungensteckschuss, und bei der notwendigen, komplizierten Operation ging es um Leben und Tod. Man operierte ihm nicht nur die Kugel heraus, sondern es mussten auch zwei Rippen entfernt werden. Auch die Heilung verlief nicht ohne Komplikationen, wenn man überhaupt von Heilung sprechen kann, denn ganz gesund wurde mein Vater nie wieder.

Jedenfalls lag er noch lange Zeit im Lazarett, als andere Soldaten längst in die Heimat und an ihre alten Arbeitsstellen zurückgekehrt waren, und als auch für ihn endlich die Rückkehr in sein normales Leben möglich schien, musste er enttäuscht feststellen, dass sein alter Arbeitsplatz inzwischen anderweitig besetzt worden war. Ihm blieb also nichts anderes übrig, als sich in jener schweren, sorgenvollen Nachkriegszeit einzureihen in das Millionenheer der Arbeitslosen, das infolge des wirtschaftlichen Niedergangs entstanden war.

Da er inzwischen verheiratet und Vater eines Sohnes war, konnte er es sich nicht leisten, wählerisch zu sein, doch obwohl er bereit war, selbst geringste Arbeiten anzunehmen, wurde er immer wieder arbeitslos. In dieses Elend hinein wurde ich 1927 geboren.

Meine Geburt verlief ziemlich dramatisch, weil ich ein »schweres Mädchen« war, denn ich wog über neun Pfund. Normalerweise wäre man, selbst damals schon, bei einer solchen Konstellation ins Krankenhaus gegangen, doch dazu fehlte meinen Eltern das Geld. Die Entbindung zog sich also hin, und meine Mutter verlor vor Schmerzen fast den Verstand. Meist stöhnte sie nur leise vor sich hin.

Als sie es einmal wagte, laut aufzuschreien, war das einzig Tröstliche, was ihr die Hebamme zu sagen vermochte: »Ja, ja, rein ist schöner als raus.« Darüber war meine Mutter so entsetzt, dass sie mir die Geschichte später immer wieder erzählt hat.

Die erste Erinnerung aus meiner Kindheit geht in das Jahr 1931 zurück. Ich war viereinhalb Jahre alt und erkrankte, ebenso wie mein um sechs Jahre älterer Bruder, an Diphtherie. Obwohl mein Vater arbeitslos war und keine Krankenversicherung hatte, kamen wir ins

Krankenhaus, denn der mitleidige Arbeitgeber meiner Mutter versprach, für die Kosten aufzukommen. Er war Betriebsführer einer Zeche, und die Mutter ging in seinem Haus putzen.

Diesem netten Mann war es auch zu verdanken, dass mein Vater bald darauf als Bergmann eingestellt wurde. Es war zwar eine schwere und ungewohnte Arbeit für einen Mann, dessen Lunge nicht mehr voll funktionierte, doch er war froh, überhaupt Arbeit zu haben, damit er seine Familie wieder selbst ernähren konnte.

Während mein Bruder nach sechs Wochen aus dem Krankenhaus entlassen wurde, musste ich noch bleiben, weil ich eine Schlucklähmung bekam und künstlich ernährt wurde – nicht wie heute über die Vene, sondern über den Darm. Ich erinnere mich an ein unförmiges Gerät mit einer Glaskugel, in das geschlagenes Ei mit einer Traubenzuckerlösung gegeben und mir dann als Einlauf verabreicht wurde, was immer eine furchtbare Quälerei war.

Einmal ist der Schlauch während der Prozedur rausgerutscht, worüber sich eine junge Krankenschwester, die das nach einiger Zeit entdeckte, fürchterlich aufregte und mit mir schimpfte. Während ich aus lauter Verzweiflung zu weinen begann, kam eine ältere Nonne hinzu und wies die weltliche Kollegin zurecht. Sie erklärte ihr, dass ich nichts dafür könne und dass man überdies ein schwerkrankes Kind nicht so behandeln dürfe. Im Übrigen sei es ohnehin ihre eigene Schuld, denn hätte sie nicht das Zimmer verlassen, wäre das ganze Missgeschick nicht passiert.

Insgesamt habe ich siebzehneinhalb Wochen im Krankenhaus verbracht, in dieser Zeit hundertachtundzwanzig Spritzen bekommen, wie meine Mutter peinlich genau registriert hat, und stand einmal, ausgerechnet in der Silvesternacht, am Rand des Todes. Was damals genau mit mir los war, weiß ich nicht. Jedenfalls wurde ich, als ich längst erwachsen war, nach jeder gründlichen Untersuchung beim Arzt gefragt, ob ich als Kind eine Herzbeutelentzündung gehabt hätte, und irgendwie war einmal davon die Rede, man hätte an mir Kortison ausprobiert. Ob es stimmt, weiß ich nicht, denn als Kind hat es mich nicht interessiert, und später war niemand mehr da, der es gewusst hätte.

Am Tag meiner Entlassung haben mich meine Eltern mit dem Kinderwagen im Krankenhaus abgeholt, denn zum Laufen war ich entschieden zu schwach, und für ein Taxi reichte das Geld nicht.

Zu Hause erwartete mich eine große Überraschung – inzwischen war nämlich ein kleiner Bruder angekommen, der gerade dreieinhalb Wochen alt war. Ich freute mich riesig, jetzt eine lebendige Puppe zum Spielen zu haben. Später allerdings, als er älter wurde und laufen konnte, war er mir manchmal lästig, beispielsweise, wenn er auf dem Spielplatz, den es in unserer Siedlung schon gab, immer hinter mir herrannte.

Oft wurde er müde, und ich musste ihn in meinem Puppenwagen nach Hause fahren, aus dem dann die Füße mit den Rollschuhen heraushingen. Glücklicherweise war der Wagen stabil, nämlich ganz aus Holz hergestellt. Ich hatte ihn von meinen Großeltern zu Weihnachten bekommen, als ich zweieinhalb gewesen war. Er hatte damals 27,50 Mark gekostet, was zu dieser Zeit viel Geld war. Ich weiß den Preis, weil auch später noch ein Zettel unter dem Wagen klebte, aber es ist schon komisch, welche Sachen man sich als Kind so merkt.

Ich spielte gerne mit meinen Puppen, für die meine Mutter schöne Kleider nähte. Vor allem meine Erna liebte ich und war sehr besorgt um ihr Wohlergehen. Einmal, es war im Winter und ein sehr kalter Tag, sah ich, wie meine Mutter den Topf vom Herd zog und wie darunter das Feuer loderte.

Ich nahm meine Puppe aus dem Wagen und behauptete: »Ach, meine arme Erna friert so«, und hielt sie über die Flammen. Im Nu war der ganze Kopf, der ja aus Zelluloid bestand, verschmort. Zum Glück gab es für traurige Fälle wie diesen die Puppenklinik, wo Erna einen neuen Kopf bekam.

Einige Wochen, nachdem ich aus dem Krankenhaus entlassen worden war und mich einigermaßen erholt hatte, besuchten wir meine Großeltern, die nicht allzu weit entfernt wohnten. Ich kann mich an dieses Ereignis deshalb so gut erinnern, weil der Opa ein Radio besaß und ich andächtig stundenlang davor saß, um mir die Musiksendungen anzuhören. Vor allem eine Sängerin mit einer wunderschönen Koloraturstimme ist mir unvergesslich geblieben – ich glaube, sie hieß Erna Sack. Hingerissen hockte ich jedenfalls vor dem kleinen Kasten und seufzte: »Ach, was singt die so schön!« Man konnte mich nur mit dem Versprechen von dem Gerät wegbringen, dass ich die Großeltern bald wieder besuchen durfte.

Wie glücklich war ich, als sich die Eltern 1934 endlich ebenfalls einen kleinen Volksempfänger leisten konnten. Ich genoss es, den herrlichen Melodien zu lauschen, die in bunter Mischung über den Äther kamen, und irgendwann erwachte in mir der sehnliche Wunsch, selbst Musik zu machen, irgendein Instrument spielen zu können – welches, das war zunächst zweitrangig.

Dann kam das Jahr 1937, in dem mir die Richtung gewiesen wurde. Es geschah auf ganz merkwürdige Weise: Wie die anderen Familien in unserer Bergmannssiedlung wurde uns für sechs Wochen ein Junge aus Berlin zugeteilt. Er war Schüler der Napola Spandau, einer jener nationalsozialistischen Eliteschulen, in denen der Parteinachwuchs herangezüchtet wurde, und sollte gemeinsam mit seinen Klassenkameraden im Ruhrgebiet einen Eindruck von der Arbeit unter Tage gewinnen und seine politischen Erkenntnisse in praktische Arbeit umsetzen. Ob meine Eltern eine Aufwandsentschädigung für Kost und Logis erhielten, weiß ich nicht – jedenfalls waren sie nicht gefragt worden, denn solche Sachen galten als selbstverständlicher Dienst an der Volksgemeinschaft.

Unser Gast hieß Paul und war ein hoch aufgeschossener Junge von sechzehn Jahren, der seiner Kleidung und seinem Benehmen nach aus guten Verhältnissen stammen musste. Offenbar hatte er in Briefen an seine Eltern berichtet, dass die Tochter seiner Gastfamilie ausgesprochen erholungsbedürftig aussehe, denn es erging an mich eine Einladung, einige Wochen bei Pauls Eltern in ländlicher Umgebung zu verbringen, und so begleitete ich, gerade zehn Jahre alt, unseren Gast bei seiner Heimreise. Ich war begeistert, zumal Paul uns erzählt hatte, in seiner Familie werde Hausmusik gepflegt.

Meine Erwartungen wurden nicht enttäuscht. Der Vater war sehr musikalisch, und alle drei Söhne – einer älter als Paul, der andere jünger – hatten sein Talent geerbt. Fasziniert lauschte ich bei den abendlichen Hauskonzerten den Melodien, die sie ihren Instrumenten entlockten, und in meinen Fingern kribbelte es, weil ich am liebsten mitgemacht hätte. Neben dem Klavier, das sie alle beherrschten, spielte der Vater Geige, Paul Ziehharmonika, Günther Gitarre und Alexander Trompete.

Erneut überlegte ich, welches Instrument mir am

besten gefallen würde. Zweifellos war es das Klavier, doch ich wusste, dass meine Eltern sich eine solche Anschaffung nicht leisten konnten. Außerdem war es unhandlich, denn ich träumte davon, auch unterwegs, auf Wanderungen und Fahrten, Musik machen zu können. Vielleicht eine Gitarre? Bevor ich eingehender darüber nachdachte, kam mir die erlösende Idee: Ich wollte eine Ziehharmonika, weil dieses Instrument im Grunde schließlich so etwas wie ein tragbares Klavier war. Es hatte einen vollen Klang, und ich würde es problemlos auch auf Wanderungen mitnehmen können, um unseren fröhlichen Gesang zu begleiten.

Bevor ich jedoch diesen Wunsch zu Hause mit meinen Eltern diskutieren konnte, genoss ich den Sommer auf dem Land. Mit Pauls jüngerem Bruder und dem Hund Nero ging ich oft zum Baden an der Oder und lernte ganz nebenbei Schwimmen. Elf Wochen dauerte dieser unverhoffte Urlaub, und als ich schließlich heimreiste, war ich nicht nur gut erholt, sondern hatte auch beschlossen, mein Leben künftig der Musik zu widmen.

Ich fiel gleich mit der Tür ins Haus: »Papa, ich möchte ein Akkordeon haben und Unterricht nehmen.« Zu meiner Freude lehnte er nicht rundweg ab. Er erklärte mir nur, dass das nicht von heute auf morgen ginge, was ich auch nicht erwartet hatte. Das müsse wohl überlegt sein, fügte er hinzu, denn ein solches

Instrument sei nicht gerade billig, und da gelte es zunächst, darauf zu sparen. Außerdem müsse man sich nach einem guten Lehrer erkundigen, denn sonst mache das Ganze keinen Sinn.

Ich musste mich noch einige Monate gedulden, doch dann stand an Weihnachten zu meiner Überraschung ein funkelnagelneues Instrument unter dem Christbaum – ich war in diesem Moment der glücklichste Mensch auf der Welt. Später erfuhr ich, dass der Vater es auf Raten gekauft hatte und jeden Monat eine gewisse Summe dafür abstottern musste. Auch einen Akkordeonlehrer hatte er bereits ausfindig gemacht, der gruppenweise Kinder und Jugendliche unterrichtete. Mein großer Bruder, der inzwischen ebenfalls seine Liebe zur Musik entdeckt hatte, wurde gleich mit mir angemeldet, und da wir in unterschiedlichen Gruppen an unterschiedlichen Tagen spielten, konnten wir das Akkordeon abwechselnd benutzen.

Nach einiger Zeit bestellte der Lehrer meinen Vater zu sich und erklärte ihm, ich würde eine solche Begabung zeigen, dass es sich lohne, mir Einzelunterricht geben zu lassen. Einerseits freute sich mein Vater über dieses Lob, andererseits aber fürchtete er die höheren Kosten – trotzdem willigte er nach kurzem Zögern ein.

Als seit Mitte der dreißiger Jahre zunehmend Druck ausgeübt wurde, sich den Organisationen der Hitlerjugend anzuschließen, wurde ich Mitglied im Jungmädelbund, in dem die Zehn- bis Dreizehnjährigen erfasst wurden. Eigentlich hatte ich wenig Lust gehabt, zu den Treffen zu gehen und an den verschiedenen Aktivitäten teilzunehmen, bis ich merkte, dass ich hier ein hervorragendes Betätigungsfeld für mein Akkordeonspiel hatte, denn in großdeutscher Zeit liebte man es, mit einem Lied auf den Lippen wandernd oder im Marschschritt durch die Gegend zu ziehen.

1941 wurde ich aus der Schule entlassen. Der ursprüngliche Plan, in Essen Kurse auf dem Konservatorium zu belegen, zerschlug sich zum einen, weil durch den Ausbruch des Krieges alles unsicher geworden war, zum anderen, weil der nationalsozialistische Staat inzwischen für alle Mädchen nach Beendigung der Schulzeit ein Pflichtjahr verordnet hatte. Während die Jungen beim Arbeitsdienst zu paramilitärischen Aufgaben teilweise hinter der Front herangezogen wurden, schickte man die weibliche Jugend zum Ernteeinsatz aufs Land oder als Haushaltshilfe in Großfamilien.

Ich kam nach Warendorf in die Familie eines Studienrats mit vier Kindern. Die Söhne waren dreizehn, zehn und sieben, das Töchterchen zwei Jahre alt, und ich hatte alle Hände voll zu tun, denn außer der Kinderbetreuung musste ich überall in Haus und Garten helfen – nur an den Kochherd ließ mich die Dame des Hauses nicht, was für mich sicher eine interessante Erfahrung gewesen wäre.

Ich beendete das Pflichtjahr einen Monat früher, weil meine Mutter erkrankte und mein Vater mich zu Hause brauchte. Zu allem Überfluss bekam unser Schwein Rotlauf und musste schnellstens geschlachtet werden, damit man das Fleisch noch verwerten konnte. In einer Zeit, in der die Lebensmittel schon lange knapp geworden waren, hätte der Verlust des Schweins eine ausreichende Versorgung der Familie gefährdet.

Schlachten war eine aufwändige Angelegenheit, denn die eigentliche Arbeit begann erst, wenn der Metzger die seine getan hatte. Ich musste die Wurst machen, Braten-, Schinken- und Speckstücke schneiden, einen Teil des Fleischs anbraten und einwecken, den Rest in eine vom Metzger hergestellte Lake einlegen, in der die Schinken sechs Wochen liegen blieben und anschließend geräuchert wurden.

Manchen mag es verwundern, dass wir, obwohl wir in der Großstadt lebten, ein Schwein schlachteten. Aber es war damals in Siedlungen wie der unseren üblich, dass man ein paar Tiere hielt, denn die Einkommen der Bergleute waren so gering, dass man es sich nicht leisten konnte, Fleisch zu kaufen. So gehörte zu jeder der vier Wohnungen eines Hauses ein Stall im Hinterhof, in dem ein Schwein, Kaninchen, Hühner, Enten und Gänse, manchmal auch eine Ziege gehalten wurden. Die Tiere wurden hauptsächlich mit Abfällen gefüttert sowie mit Kartoffeln, die alle Familien in großen Mengen einkellerten.

Außerdem teilten sich die Mietparteien die vorhandenen Beete, die ursprünglich für Blumen und Rasen gedacht gewesen waren, um Gemüse anzubauen. Nebenbei hatten fast alle zusätzlich ein kleines Stück Land von dem Betreiber der Zeche gepachtet, um in diesen mageren Zeiten über die Runden zu kommen. Die Bearbeitung dieses Feldes war vor allem meine Aufgabe, denn nicht nur die Mutter kränkelte, sondern vor allem der Vater, für dessen geschädigte Lunge das Arbeiten unter Tage natürlich eigentlich Gift war, doch danach fragte niemand. Nach sieben oder acht Jahren stellte man dann auch fest, dass er sich eine Steinstaublunge zugezogen hatte und fünfzig Prozent des Lungengewebes betroffen waren. Obwohl man ihn aufgrund dieses Befundes in die Verwaltung versetzte, füllten sich die Lungenbläschen weiter mit Steinstaub, sodass der Vater 1942 vorzeitig in Rente geschickt werden musste und sieben Jahre später nach einer weiteren Verschlechterung seines Zustands starb.

Die Siedlungen, in denen die Bergleute lebten, waren alles andere als komfortabel. Badezimmer und Toiletten mit Wasserspülung waren unbekannt. Im Hinterhof bei den Ställen befanden sich die Aborte, und einmal im Jahr mussten die Jauchegruben geleert werden, was leider meist meine Aufgabe war. Mit dem sogenannten Schepper – einem Holzgefäß an einem langen Stiel – schöpfte man die übel riechende Brühe in ein altes Holzfass, das auf einer Schubkarre stand, und transportierte den kostbaren flüssigen Dünger vorsichtig zu dem gepachteten Feld, um ihn dort möglichst gleichmäßig zu verteilen.

Irgendwann, nachdem meine Mutter aus dem Krankenhaus entlassen worden war, stellte sich erneut die Frage nach meiner beruflichen Zukunft. Was sollte ich jetzt anfangen, so mitten im Krieg? Außer Musizieren konnte ich mir eine Tätigkeit als Säuglingsschwester vorstellen, doch meine Großmutter schaffte es, mir diesen Beruf gründlich madig zu machen. »Da musst du doch nur ständig Kindern den Popo abputzen«, pflegte sie zu sagen. Ich muss zugeben, dass sie wusste, wovon sie sprach, denn sie hatte selbst sieben Kinder großgezogen.

In dieser Situation bot sich die Gelegenheit, in einem Rechtsanwaltsbüro eine Lehre zu beginnen, doch obwohl ich mit dem Anwalt bereits handelseinig war, gab es Schwierigkeiten, denn ich brauchte eine Genehmigung des Arbeitsamtes. Weil man dort über meine eher geringe Begeisterung für nationalsozialistische Aktivitäten im Bilde war, gab man einer strammen BDM-Maid den Vorzug. Alles, was mir fürs Erste blieb, war eine Putzstelle in der Privatwohnung des Anwalts, um mir ein paar Mark zu verdienen, bis ich eine andere Lehrstelle gefunden hatte.

Eine neue Chance bot sich bei einer Modistin, also in der Werkstatt eines Hutgeschäfts, und diesmal stand mir kein BDM-Mädchen im Weg. Fortan arbeitete ich von früh bis spät mit Filz in unterschiedlichen Farben, musste aus großen Filzplatten runde Teile herausschneiden, sie über Holzköpfe spannen und mit Heftzwecken daran befestigen. Dann wurde das Ganze mit einem feuchten Tuch bedeckt und in Form gebügelt. Nach vierzehn Tagen aber hatte ich die Nase voll, im wahrsten Sinne des Wortes, denn immer, wenn ich mir die Nase putzte, kam nur Staub heraus – ein Ergebnis der feinen Filzpartikel, die überall in der Luft herumschwirrten. »Wenn ich hier weiterarbeiten muss, hänge ich mich auf«, kündigte ich an.

Nach Gesprächen mit meinem Vater erklärte sich die Modistin schließlich bereit, mich für den Laden zu übernehmen, wo ich eine Lehre als Verkäuferin absolvieren sollte, doch kaum hatte ich mich eingearbeitet, wurde das Geschäft ausgebombt. Das war im Juni 1942, und erneut stand ich, beruflich gesehen, vor dem Nichts.

Doch wie das damals so war – die NSDAP sorgte schon dafür, dass niemand untätig zu Hause herumsaß, und setzte uns BDM-Mädchen zur Betreuung und Versorgung der Bombenopfer ein. Während die einen Brote bestreichen mussten, fuhren die anderen mit Karren durch die Stadt, um sie zu verteilen. Überall, wo Leute ausgebombt waren, mussten wir hin, und bei diesen Einsätzen habe ich zum ersten Mal tote Menschen gesehen.

Obwohl der Bombenkrieg noch längst nicht seinen Höhepunkt erreicht hatte, wurde es zunehmend gefährlicher, denn das riesige Industriegebiet an der Ruhr gehörte zu den bevorzugten Zielen der alliierten Bomber, die mit ihren Angriffen die Herstellung kriegswichtiger Güter unterbinden wollten, doch die Nazis verlagerten ihre Produktionsstätten zum Teil einfach in unterirdische Stollen.

Vor allem Kinder wurden jetzt mehr und mehr aus den gefährdeten Städten aufs Land gebracht. Bald wurde auch mein kleiner Bruder samt Mutter auf eine unfreiwillige Reise nach Flatow in Pommern geschickt, und da meine Ausbildungsstelle nicht mehr existierte, durfte ich ebenfalls mitfahren. Man brachte uns bei einer Familie unter, die eine Bäckerei nebst Café betrieb, und wies uns einen winzigen Raum direkt über der Backstube zu, in dem gerade zwei Betten Platz hatten – eines davon bekam ich, in dem anderen schlief meine Mutter mit meinem Bruder. Statt Schränken gab es nur einige Apfelsinenkisten, in denen ein bisschen Geschirr stand. Als mein Vater uns wenige Wochen später besuchte, setzte er bei der Gemeindeverwaltung durch, dass wir ein anderes Zimmer bekamen, das zumindest ein wenig größer war. Die Situation besserte sich, als mir mein neuer Lehrherr, der Besitzer eines Lebensmittelgeschäftes, in seinem Haus einen Schlafplatz im Personalzimmer anbot.

Wichtigstes Gepäckstück bei unserer Evakuierung war mein Akkordeon gewesen, und es stellte sich als Glücksfall heraus, dass ich es mitgeschleppt hatte, denn der Bäckermeister, bei dem wir einquartiert wurden, »engagierte« mich vom Fleck weg, nachdem er mich spielen gehört hatte. Fortan machte ich jeden Samstag- und jeden Sonntagabend in seinem Café zur Unterhaltung der Gäste Musik. Bezahlt wurde ich in Naturalien: Brot, Kleingebäck, Kuchen, was eben vom Tag übrig geblieben war. Das bedeutete für meine Familie zur damaligen Zeit wesentlich mehr als bares Geld, weil es ja kaum noch etwas zu kaufen gab.

Die besten Kunden des Cafés waren Marinesoldaten, die sich im Ort von einer Verwundung erholten, bevor sie auf Heimaturlaub entlassen wurden. Da in Flatow sonst nichts los war, strömten sie abends zu unseren Musikveranstaltungen, und manche brachten sogar ein Instrument mit – eine Geige, eine Gitarre, ein Akkordeon. Ein Klavier stand ohnedies im Lokal, und so bekamen wir zumeist in wechselnder Besetzung eine Drei- oder Viermannkapelle zusammen.

Ich blieb bis September 1944 in Flatow. Nachdem ich meine Lehre abgeschlossen hatte, musste ich mich gleich zum Arbeitsdienst melden und erhielt in Tauentzien eine vierzehntägige Grundausbildung, an deren Ende wir feierlich auf das versinkende Dritte Reich vereidigt wurden. Wir standen im Karree um die Fahne herum und mussten den Eid auf den Führer leisten, woraufhin uns anschließend die Hakenkreuznadel als Brosche an die Brust geheftet wurde.

Wir hatten Oktober, und die ersten vierzehn Tage kamen wir bei Bauern in der Umgebung zum Einsatz. Die folgenden Aufgaben trugen bereits einen deutlich militärischen Charakter, denn angesichts der unaufhaltsam vordringenden Roten Armee und den mehr oder weniger hilflos zurückweichenden deutschen Armeen mussten wir zwischen Kolberg und Köslin einen Panzergraben von dreieinhalb Metern Tiefe und gut zwei Metern Breite ausheben. Wenige Monate später würden russische Panzer auf ihrem Vormarsch dieses Hindernis überrollen, als wäre es nichts.

Wir waren dreihundert »Maiden« und wohnten in vier Holzbaracken, in denen vorher lettische SS-Angehörige gehaust hatten. Es gab keinerlei Mobiliar, nicht einmal Bettgestelle. Wir schliefen auf aufgeschüttetem Stroh, über das wir unsere eigenen Decken ausbreiteten. In der Mitte des Raumes befand sich ein gusseiserner Ofen, um den wir uns abends erschöpft scharten, um uns aufzuwärmen und dort unsere wässrige Suppe zu essen, in der ein paar traurige Gemüsestücke schwammen. Waschräume gab es nicht, und statt auf Toiletten mussten wir in den Wald zu einem Donnerbalken – wahrlich kein Vergnügen in der zunehmenden Kälte. Alle vier Tage wurde Wasser in ungebrauchten Jauchekannen angeliefert, von dem jede von uns eine Schüssel voll bekam, damit wir uns waschen konnten – das war unsere ganze Hygiene.

Der einzige Trost in dieser tristen Atmosphäre war mein Akkordeonspiel. Immer wieder, sobald wir im Kreis zusammensaßen, baten die anderen Mädchen: »Gisela, spiel!«, und sie waren sogar bereit, dafür meine Strümpfe zu stopfen, die vom Gehen in den schweren Gummistiefeln allabendlich durchgescheuert waren. Die beiden ersten Melodien, die sie jeden Abend von mir hören wollten, waren das Kölner Lied »Wenn ich so an ming Heimat denke«, und »Heimat, deine Sterne«. Viele der Mädchen sangen oder summten dabei mit und dachten voller Heimweh an zu Hause.

Nachdem unsere Arbeit am Panzergraben Mitte Januar beendet war, verlegte man uns zurück nach Tauentzien, wo man wenigstens wieder einmal duschen konnte, wenngleich nur mit kaltem Wasser! Auch hier erwärmte ich an den langen, kalten Abenden die Seelen meiner Kameradinnen mit meinem Ziehharmonikaspiel, bis wir am 25. Januar 1945 flüchten mussten, weil die Front immer näher rückte. Wir rollten unsere beiden Wolldecken zusammen und packten unsere reichseigene Arbeitsdienstgarderobe hinein.

Ich hatte außerdem mein Akkordeon zu schleppen, das lose über meiner Schulter hing, während ich im Instrumentenkoffer meine zivile Kleidung verstaut hatte – diesen Rat hatte mir mein Vater für den Fall einer Flucht mit auf den Weg gegeben, als wir uns das letzte Mal gesehen hatten. Er war inzwischen seiner Familie in die Evakuierung gefolgt. Außerdem hatte er mir eingeschärft: »Egal, wie es kommt – wenn es zu Ende ist mit dem Krieg und dem Regime, treffen wir uns in Bochum, nirgendwo anders. Dorthin musst du dich durchschlagen, und auch wir versuchen, so schnell wie möglich wieder nach Hause zu kommen.«

Diese Worte meines Vaters fielen mir ein, als ich mit drei anderen Mädchen in Lauenburg auf dem Bahnsteig stand und den einlaufenden Zug beobachtete. Aus dem Wagen, der direkt vor uns zum Stehen kam, kletterten vier Soldaten aus dem Abteilfenster heraus – über den Gang und durch die Tür nach draußen zu gelangen, wäre unmöglich gewesen.

Ebenso wenig konnten wir auf normalem Weg in den Zug einsteigen, und so wandte ich mich Hilfe suchend an einen der Soldaten: »Sie müssen uns bitte durch das Fenster heben. Wir müssen weg!« Dieser Zug war nämlich, wie wir erfahren hatten, der letzte, der in Richtung Westen fuhr. Die Soldaten waren nett und hilfsbereit, verlangten aber zum Dank, dass ich ihnen etwas vorspielte. Auch sie wünschten sich »Heimat, deine Sterne« und summten leise die sehnsuchtsvolle Melodie mit, während Tränen in ihre Augen traten. Anschließend hoben sie uns mitsamt unserem Gepäck in den Zug.

In unserem Abteil drängten sich zwölf Erwachsene und sechs Kinder, wobei die Erwachsenen sich abwechselnd setzten und dabei jeweils ein Kind auf den Schoß nahmen. Die anderen mussten stehen, bis sie wieder an der Reihe waren mit dem Sitzplatz. Es war schrecklich unbequem!

Erschwerend kam hinzu, dass der Zug nur am Tag fahren konnte, denn nachts hätten seine Lichter eine zu deutliche Zielscheibe geboten. Sogar tagsüber mussten wir mehrmals anhalten, weil es Tiefflieger- oder Bombenalarm gab, und dann sprangen alle heraus und suchten Schutz in den Gräben rechts und links der Gleise.

Auch in den Bahnhöfen gab es immer wieder längere Aufenthalte, denn Mitarbeiter des Roten Kreuzes verteilten dünne Süppchen an die Erwachsenen und Milch an die Kinder. Wenn wir ganz viel Glück hatten, gab es sogar einmal ein Butterbrot, doch der Hunger blieb trotz allem unser ständiger Begleiter.

Vier Tage dauerte es, bis wir in Berlin ankamen, wo für alle zunächst Endstation war – dort mussten sämtliche Passagiere aussteigen, was nach der drangvollen Enge im Zug fast eine Erlösung war. Ehe wir jedoch einen Anschlusszug nehmen konnten, gab es Fliegeralarm, und alle Menschen auf dem überfüllten Bahnhof suchten die Schutzräume auf. Dass niemand zu Tode getreten wurde, grenzt an ein Wunder. Es folgte einer der verheerenden Großangriffe, mit denen die Reichshauptstadt in der Endphase des Krieges überzogen wurde. Nachdem wir diesen glücklich überstanden hatten, kamen wir wieder ans Tageslicht. Wir vier Mädchen hatten Order, nach Sachsen zu einem neuen Arbeitsdiensteinsatz zu fahren, und waren dabei, nach einem Anschlusszug Ausschau zu halten, als mir erneut die Worte meines Vaters einfielen. Ich beschloss, dass zumindest für mich der Krieg zu Ende und es jetzt an der Zeit war, endlich nach Bochum zu meiner Familie zu fahren.

Die Züge nach Westen fuhren jedoch von einem anderen Bahnhof ab. Entschlossen marschierte ich auf diesen zu, als ich plötzlich vor einer Gruppe von »Kettenhunden« stand, wie man die Feldgendarmerie wegen ihrer auffälligen Kette an der Uniform nannte. Diese der Wehrmacht eingegliederten Militärpolizei hatte die Aufgabe, alle Uniformierten zu überprüfen, also auch Arbeitsmaiden. Während sie meinen RAD-Ausweis prüften, erklärte ich ihnen, dass ich in dem allgemeinen Durcheinander während des Alarms meine Kameradinnen verloren hätte.

»Und wo wollen Sie jetzt hin?«, wollten sie wissen. »Ja, ich weiß es nicht«, stellte ich mich dumm. »Ich habe Order nach Sachsen runter.«

»Sie sind aber auf dem Weg zum falschen Bahnhof«, hielt man mir vor. Achselzuckend erklärte ich: »Das weiß ich nicht. Ich kenne mich hier nicht aus.«

Also eskortierten sie mich wieder zu meinem Ausgangspunkt zurück. Ich machte gute Miene zum bösen Spiel und bedankte mich artig für die Begleitung, obwohl ich innerlich fast explodiert wäre. Statt nach Hause zu fahren, kam ich in Sachsen noch einmal für vierzehn Tage in ein Arbeitsdienstlager und anschließend zum Kriegshilfsdienst in ein ehemaliges Kinderwagenwerk, wo wir Mädchen jetzt lernten, Kartuschen für Granaten zusammenzuschweißen, als könnte dadurch der Endsieg noch erzwungen werden.

Als Mitte April auch hier der Boden zu heiß wurde, weil von Westen die Amerikaner heranrückten und von Osten die Russen, wurde das Lager aufgelöst, und ich bat um die Genehmigung, nach Bochum reisen zu dürfen. Nein, das sei unmöglich, Bochum sei eingekesselt, hieß es. Stattdessen schlug man mir ein Arbeitsdienstlager weiter östlich vor, was ich aufgrund des Frontverlaufs rundweg ablehnte: »Wenn ich dahin muss, hänge ich mich auf.«

Guter Rat war also teuer, bis mir eine Kameradin anbot, mit ihr nach Hamburg zu fahren. Ich erhielt einen entsprechenden Passierschein und begleitete die Freundin in die zerstörte Hansestadt, wo mich die Familie freundlich aufnahm. Zum Glück fand ich bald eine Arbeit als Verkäuferin und brauchte meinen netten Gastgebern wenigstens nicht auf der Tasche zu liegen.

Auch als es endlich hieß: »Der Krieg ist aus!«, sollte es noch Wochen dauern, bis ich ins Ruhrgebiet reisen durfte. Während dieser Wartezeit ging ich tagsüber meiner Arbeit nach und setzte mich abends in den Garten, wo ich Akkordeon spielte – zu meiner Erbauung und der meiner Gastfamilie.

Es dauerte nicht lange, da tauchte ein englischer Soldat bei uns auf, der im Nachbarhaus einquartiert war. In gebrochenem Deutsch fragte er, ob ich ihm das Instrument für ein paar Tage leihen würde. Er und seine Kameraden wollten sich ein paar nette Abende machen. Was sollte ich tun? Er wirkte Vertrauen erweckend, und überdies hatte man einem Angehörigen der Besatzungsmacht nicht zu widersprechen.

Nach einer Woche brachte er mein geliebtes Akkordeon unversehrt zurück und überreichte mir zusätzlich ein Riesenpaket, in dem sich lauter Köstlichkeiten befanden, an die wir seit Jahren nicht einmal mehr im Traum gedacht hatten: Kaffee, Tee, Schokolade, Kekse, Trockenfrüchte, Rosinen, Kakao, Kaugummi. Selbst Seidenstrümpfe waren darin. Das war ein Fest für die ganze Familie, und ich war froh, dass ich meinen Gastgebern auf diese Weise die liebevolle Aufnahme ein bisschen vergelten konnte.

Nach einigen Wochen kamen ehemalige Wehrmachtsangehörige bei meiner Gastfamilie vorbei. Sie wollten versuchen, per Güterzug ins Ruhrgebiet zu gelangen, und boten sich an, eine Nachricht für meine Eltern mitzunehmen. Eine Antwort erhielt ich allerdings nie, da der Postverkehr zwischen den Zonen noch nicht funktionierte.

Es war für mich eine bange Zeit der Ungewissheit, und als sich Ende Juni die Möglichkeit bot, in einem offenen Güterwagen Richtung Heimat zu fahren, zögerte ich nicht lange. Am 1. Juli 1945 waren wir endlich wieder glücklich vereint: Vater, Mutter, der kleine Bruder und ich. Nur mein großer Bruder fehlte – er war 1941 als Fallschirmjäger auf Kreta gefallen.

Zwar war der Krieg zu Ende, nicht jedoch die Not. Vor allem hieß es, Arbeit zu finden, denn wer nicht arbeitete, bekam keine Lebensmittelkarten. Als Erstes half ich beim Wiederaufbau, indem ich mich in das Heer der sogenannten Trümmerfrauen einreihte. Pro abgeklopftem Stein bekam man einen Lohn von fünf Pfennig. Steineklopfer galten zudem als Schwerarbeiter und erhielten pro Woche eine Sonderzulage von einem Viertelpfund Butter, einem halben Pfund Brot und zweihundert Gramm Fleisch in Form zusätzlicher Lebensmittelmarken.

Da diese Sonderration für die ganze Familie zum Sattwerden nicht reichte, fuhr ich täglich mit der Straßenbahn zu einer Suppenküche, wo man sich für fünfzig Pfennig ein Kochgeschirr voll Suppe holen konnte. Doch der Mangel blieb, und so zog ich mit meiner Mutter übers Land zum Hamstern.

In der Nähe von Münster gelangten wir zu einer Bäuerin, die sieben Kinder hatte und Stopfwolle sowie Glühbirnen gegen ein Stück Speck und ein paar Eier eintauschte. Als wir den Hof gerade verlassen wollten, begegnete uns der Bauer. Er deutete auf mich und fragte: »Ist das Ihre Tochter?« Und als meine Mutter bejahte, fügte er hinzu: »Arbeitet die denn nicht?«

»Wir haben ja nichts zu essen«, entgegnete meine Mutter. »Deshalb kann sie auch nicht arbeiten.« Ich witterte eine Chance: »Haben Sie vielleicht Arbeit für mich?«

»Ja«, antwortete er. »Meine Frau benötigt für die Küche jemanden, und bei den sieben Kindern könnte sie ebenfalls Hilfe brauchen.«

Während meine Mutter noch ein zweifelndes Gesicht machte, zupfte ich sie am Ärmel und schlug ihr vor: »Komm, wir sehen uns das mal an.«

Schnell wurden wir uns einig und vereinbarten, dass ich in vierzehn Tagen meine Stelle antreten sollte – zunächst für ein paar Wochen auf Probe. Geld wolle ich keines, versicherte ich der Bäuerin, mir genüge es, für Kost und Logis zu arbeiten und dafür, dass meine Eltern mit Lebensmitteln versorgt würden.

»Doch«, sicherte mir die Hausfrau zu. »Du bekommst zwanzig Mark Taschengeld im Monat.« Dann verabredeten wir noch, dass meine Mutter in dem einen Monat kommen würde, um ihre Lebensmittel abzuholen, und dass ich in dem anderen Monat übers Wochenende nach Hause fahren durfte, um meine Familie zu versorgen. So waren beide Parteien hoch zufrieden, als wir uns verabschiedeten.

Zwei Wochen später traf ich mit Sack und Pack und meiner unvermeidlichen Ziehharmonika auf dem Bauernhof ein und lernte in der Folgezeit alles, was auf einem Bauernhof an Arbeit anfällt, sodass die Bäuerin eines Tages anerkennend in ihrem breiten westfälischen Platt zu meiner Mutter, die gerade auf Besuch war, um die versprochenen Lebensmittel abzuholen, sagte: »Nee, nee, so 'ne Deern aus der Stadt, die kann arbeiten! Aber die kann auch essen!«

Das Einzige, wozu mich die Bauern nicht hernahmen bei der Arbeit, war das Melken. Aber gerade das wollte ich lernen, denn wenn ich später einmal irgendwo erzählte, ich hätte ein Jahr auf einem Bauernhof gearbeitet, könne aber nicht melken, dann würde mir das keiner glauben. Der Bauer hatte über meine Argumentation gelacht und mich angelernt. Jetzt konnte ich also auch melken.

Ich blieb anderthalb Jahre im Münsterland. Als meine Mutter dann in Bochum eine Stelle als Verkäuferin für mich fand, kehrte ich mit fliegenden Fahnen in mein gewohntes Stadtleben und meinen Beruf zurück.

Frühe Verantwortung

Nora, Jahrgang 1909, aus A.

Die Familie meines Vaters besaß seit Generationen einige Weinberge samt Kellerei und dazu ein Gasthaus, was ausgesprochen praktisch war, weil hier der eigene Wein gleich an den Mann gebracht werden konnte. Da außerdem eine kleine Landwirtschaft zu dem Besitz gehörte, war es kein Wunder, dass meine Eltern von früh bis spät auf den Beinen waren, um alle anfallenden Arbeiten erledigen zu können.

Meine Mutter, eine gelernte Schneiderin, nähte zudem für die ganze Familie, sogar Anzüge für die Buben. Von den zehn Kindern, die sie im Lauf von dreizehn Jahren zur Welt gebracht hatte, blieben nur fünf am Leben. Die anderen starben in den ersten beiden Jahren nach ihrer Geburt, woran weiß ich nicht mehr – wahrscheinlich an Kinderkrankheiten, die damals aufgrund fehlender Medikamente immer eine Sache auf Leben und Tod waren. Wenn ein Kind starb, trösteten die Eltern sich mit dem Gedanken, dass der liebe Gott auch wieder ein neues schenkte – so war das in jener Zeit, und der Verlust von Kindern gehörte zum Alltag fast jeder Familie.

Meine überlebenden Geschwister und ich mussten ebenfalls gefährliche Krankheiten durchmachen, aber wir fünf waren stabil und robust, überstanden alles und wuchsen gesund heran. Mein ältester Bruder war Jahrgang 1906, der andere 1914, meine beiden Schwestern wurden 1916 und 1919 geboren – ich war in dieser Geschwistergruppe also die Zweitälteste und bei Ausbruch des Ersten Weltkriegs fünf Jahre alt. In diesem Alter konnte ich mit dem Begriff »Krieg« natürlich nichts anfangen, aber an eine Begebenheit, die damit in Zusammenhang stand, erinnere ich mich ganz deutlich. Meine Mutter staffierte alle ihre Kinder, die damals schon auf der Welt beziehungsweise noch am Leben waren, festlich aus und stellte uns im Hof auf.

Ein Mann mit einem schwarzen Kasten postierte sich uns gegenüber und fummelte an dem Kasten herum, verschwand dann unter einem schwarzen Tuch und rief: »Jetzt müsst ihr alle lachen, jetzt kommt das Vögelchen.« Pflichtgemäß lachten wir, es machte klick, aber kein Vögelchen erschien. Die Mutter erklärte uns anschließend, das sei ein Fotograf gewesen, der Bilder von uns gemacht habe. Als wir die Fotos später zu Gesicht bekamen, fanden wir es sehr lustig, uns selbst darauf zu sehen, denn damals wurden noch relativ selten Fotos gemacht.

Eines der Bilder steckte die Mutter in einen Briefumschlag und sagte: »Das schicken wir dem Vater ins Feld. Er soll sehen, dass es uns gutgeht und eine Erinnerung haben, wie ihr ausseht.« Ich verstand den Sinn ihrer Worte nicht, obwohl ich natürlich gemerkt hatte, dass der Vater seit Kurzem nicht mehr zu Hause war. »Warum liegt der Vater auf einem Feld, und wozu braucht er da ein Foto?«, wollte ich wissen, denn mit Feld brachte ich nur unsere eigenen Äcker in Verbindung.

Da erklärte mir die Mutter, dass Krieg sei und er für das Vaterland kämpfen müsse, auf dem Felde der Ehre, wie man das nannte, und dass in jedem Krieg viele Soldaten sterben müssten. Diese Aussage erschreckte mich sehr, obwohl ich die wahre Bedeutung nach wie vor nicht verstand. Aber zumindest wusste ich jetzt, dass der Vater nicht nach Hause kommen konnte und deshalb ein Foto von uns brauchte.

Ein anderes Erlebnis aus der Zeit des Ersten Weltkriegs hat mit dem kleinen Spezereiladen zu tun, der ebenfalls zu unserem Weingut gehörte. Dort konnten die Bauern Gewürze kaufen, Zucker, Kaffee, Salz – eben alles, was man so im Haushalt brauchte und nicht selbst erzeugen konnte. Diese Nahrungsmittel wurden in großen Säcken angeliefert und in dem Raum über der Gaststube gelagert. Es wurde immer nur so viel nach unten in den Laden geholt, wie in den Schubladen der Theke Platz hatte, und wenn die Kunden etwas brauchten, wurde der Zucker oder der Kaffee mit einer kleinen Schaufel in Papiertüten gefüllt und abgewogen.

Als nach Kriegsende die Franzosen in unsere Gegend einrückten, stürmten sie in den Lagerraum und warfen alle Säcke aus dem Fenster in den Hof hinunter. Da es ja generell nicht genug zu essen gab, fand ich es furchtbar schade um all die guten Sachen.

Eine weitere Kindheitserinnerung geht ebenfalls auf die Besatzungszeit zurück, als Deutschland das linke Rheinufer den Siegermächten überlassen musste. In der Pfalz hatten jetzt die Franzosen das Sagen, und in unserem Hof stand eine ihrer Feldküchen, aus der es immer verlockend roch. Wir Kinder hielten uns dort gerne auf und hofften, etwas von dem guten Essen abzubekommen.

Wie alle Kinder liebten wir Feste – neben Weihnachten vor allem Ostern, denn es war Brauch bei uns, dass die Kinder des Dorfes durch die Straßen gingen, bei ihren Verwandten anklopften und Osterlieder sangen. Da Vater und Mutter aus kinderreichen Familien stammten, hatten wir eine riesige Verwandtschaft, von der ein Teil im Dorf lebte. Wir zogen also los, von einem zum anderen, und sangen unsere Lieder. Was wir genau gesungen haben, weiß ich nicht mehr. Wichtiger als die Lieder war, wie viele Eier uns die

Tanten gaben. Mal gab es für jeden zwei, mal nur eins, insgesamt aber kam einiges zusammen, sodass wir am Ende stolz mit unserer Ausbeute an bunt gefärbten Eiern heimkehrten.

Vor allem aber Weihnachten war immer wunderschön. Da die Wirtschaft geschlossen wurde, hatten die Eltern Zeit für uns, und wir konnten in der großen Gaststube feiern. Zwischen den beiden Fenstern stand Jahr für Jahr eine Fichte, die vom Boden bis zur Decke reichte. Nachdem die Eltern den Baum geschmückt hatten, legten sie die Geschenke darunter, während sich eine unverheiratete Schwester meiner Mutter, die jedes Weihnachtsfest bei uns verbrachte, um uns Kinder kümmerte und uns in der Küche Geschichten erzählte, damit uns die Wartezeit nicht zu lang wurde. Wenn das Glöckchen im Hausgang läutete, führte uns die Tante zum Christbaum, wo wir alle miteinander sangen und musizierten. Anders als die meisten Kinder jener Zeit bekamen wir nicht nur nützliche Sachen, sondern auch schönes Spielzeug – die Mädchen Puppen, Puppenwagen, Puppenküchen oder ein kleines Karussell mit Pferden, die Buben Bauklötze, eine Eisenbahn, Autos, Pferde mit einem Erntewagen oder einen Kaufladen.

Meine Mutter war von Haus aus katholisch, mein Vater evangelisch. Bei der Hochzeit hatten sie sich geeinigt, dass die Mädchen katholisch, die Buben evangelisch werden sollten. So wurde ich also katholisch getauft, doch als ich in die Schule kam, wollte der Vater von seinem Versprechen nichts mehr wissen und meldete mich einfach für den evangelischen Religionsunterricht an. Obwohl er meine Konfession nie offiziell ändern ließ, wurde ich im Alter von vierzehn Jahren als getaufte Katholikin konfirmiert. Bei meinen jüngeren Schwestern entstand dieses Problem gar nicht erst, weil sie gleich evangelisch getauft wurden. Was die Schule anging, war mein Vater seiner Zeit voraus, denn er wollte, dass auch seine Töchter eine gute Ausbildung erhielten, und schickte mich aufs Gymnasium ins nahe gelegene Grünstadt.

Viel Abwechslung hatten wir damals nicht neben Schule und Elternhaus. Vielleicht kann ich mich deshalb besonders an eine Hochzeit erinnern, zu der ich einmal eingeladen war. Allerdings hatte dieses fröhliche Ereignis eine traurige Vorgeschichte.

In unserem Dorf gab es einen Metzger, der oft Gast in unserer Wirtschaft und ein ganz lieber Mann war. Uns Kindern brachte er meist etwas mit, wenn er kam. Im Sommer waren es Erdbeeren aus seinem Garten, Kirschen oder ein Apfel. Im Winter brachte er mal ein Stückchen Wurst oder auch einen Lebkuchen mit.

Eines Tages starb er ganz plötzlich, obwohl er noch ziemlich jung war, und seine Frau heiratete zum zweiten Mal, weil sie sich mit dem Geschäft überfordert fühlte. Der neue Mann war ebenfalls Metzger, aber das genaue Gegenteil von dem Toten – nicht so nett und vor allem schrecklich geizig, denn nie schenkte er einem Kind auch nur ein Stückchen Wurst.

Aber immerhin wurde ich mit den Eltern zu der Hochzeit eingeladen, die nicht in unserem Dorf gefeiert wurde, sondern im Heimatort des Bräutigams. Ach, war das schön – auch die Braut in ihrem Kleid aus knisternder schwarzer Seide. Wir Gäste saßen an langen Tischen in der Wirtsstube, und es wurden Berge von Essen serviert, und zwar lauter gute Sachen. Mädchen gingen herum und boten immer wieder etwas Neues an – so etwas hatte ich vorher noch nie erlebt.

Das Schönste aber war, dass ich gebeten wurde, auf dem Klavier etwas vorzuspielen, denn obwohl ich mit meinen zwölf Jahren noch nicht allzu viel konnte, war ich von Musik fasziniert, was ich wohl von meinem Vater geerbt hatte, denn seine Musikalität war legendär.

In unserer Gaststube stand ein Tafelklavier, das ähnlich wie ein Flügel aussah, aber nicht ganz so ausladend war, und auf dem er mit Hingabe spielte, obwohl er nie Unterricht genommen hatte. Ich dagegen bekam schon früh Klavierstunden, und mein älterer Bruder lernte Geigenspielen, denn mein Vater wollte unsere Musikalität fördern.

Allerdings geschah das nicht nur aus uneigennützigen Gründen, denn gelegentlich mussten wir in der Wirtschaft die Gäste unterhalten, wobei ich nicht nur auf dem Klavier spielte, sondern auch als Sängerin auftrat.

Es war ja sonst nicht viel los auf dem Land – Kinos gab es nicht, und ein Radio besaßen nur die Wenigsten. Deshalb genossen die Leute es, wenn in der Dorfkneipe etwas geboten wurde. Mein Vater war ebenfalls zufrieden, weil unsere Auftritte das Geschäft belebten und er überdies mit seinen talentierten Kindern angeben konnte.

Für mich stand damals fest, dass ich eines Tages Musik studieren und einen entsprechenden Beruf ergreifen würde. Aber es kam alles anders.

Ob es daran lag, dass die vielen Geburten sie geschwächt hatten, oder ob die karge Kriegs- und Nachkriegszeit sowie die viele Arbeit daran schuld waren – jedenfalls legte sich die Mutter eines Tages ins Bett und stand nicht mehr auf. Ich war zwölf Jahre alt, und meine jüngste Schwester hatte gerade laufen gelernt. Der Doktor machte ein sehr ernstes Gesicht, doch um was es sich bei ihrer Krankheit handelte, erfuhren wir nicht. Sie brauche Ruhe und gutes Essen, hieß es. Mein Vater weinte und holte eine Tante, die Schwester seiner Mutter, ins Haus, die eine Weile bei uns blieb, doch irgendwann reichte es ihr, und nun war ich als ältestes Mädchen an der Reihe, mich um den Haushalt, die Geschwister und die kranke Mutter, zu kümmern. Damit waren alle meine Lebensträume von einem Musikstudium geplatzt, denn jetzt konnte ich nicht einmal die Schule beenden. Besonders schwer fiel mir die Trennung von meinen Mitschülerinnen, doch wir versprachen einander, uns jedes Jahr einmal zu treffen. Das behielten wir bei, solange wir noch konnten – jetzt bin ich aus der ganzen Klasse als Einzige übrig geblieben.

Es war Anfang Mai, und ich hatte der Mutter gerade das Essen ins Schlafzimmer gebracht, als sie sich plötzlich aufbäumte. Ich rannte aus dem Zimmer, stürmte die Treppe hinunter, riss die Tür zur Wirtschaft auf und schrie: »Papa, schnell, die Mama …« Er lief sofort nach oben, meine beiden kleinen Schwestern hinterher, während ich vor Schreck wie gelähmt unten an der Treppe stehen blieb.

Wenig später rief mir der Vater von oben zu, ich solle die beiden Brüder meiner Mutter benachrichtigen, die in der Ziegelhütte arbeiteten. Die Leute, an denen ich vorbeistürmte, wollten mir Fragen stellen, denn alle wussten ja, wie es um meine Mutter stand. Auch meinen Onkeln erklärte ich nur kurz, was passiert war, dann rannte ich nach Hause zurück. Doch ich kam zu spät: Die Mutter war bereits tot – sie war erst dreiundvierzig Jahre alt gewesen.

Wie damals üblich, kam die sogenannte Totenfrau ins Haus, um die Mutter für die Aufbahrung herzurichten. Während sie im Schlafzimmer beschäftigt war, durfte keines von uns Kindern oder der Vater dabei sein. Anschließend wurde die Mutter im Wohnzimmer aufgebahrt, und nacheinander kamen alle Nachbarsfrauen, um durch ein stilles Gebet am Sarg der Mutter die letzte Ehre zu erweisen. Jede brachte einen Blumenstrauß oder einen Kranz mit, sodass bald das ganze Haus nach Tannen roch.

Drei Tage später wurde der Sarg geschlossen und samt den Blumen und Kränzen auf den schwarzen Leichenwagen geladen, der von zwei schwarzen Pferden gezogen wurde. Dann bewegte sich ein langer Trauerzug zum Friedhof – es waren sehr viele Leute gekommen, auch aus Nachbardörfern, die ehrlichen Anteil nahmen am frühen Tod unserer Mutter. Nach der Beerdigung kamen alle zu uns in die Wirtschaft zum Leichenschmaus, und angesichts des lauten Trubels an diesem Tag kamen wir gar nicht dazu, traurig zu sein. Erst später wurde uns wirklich bewusst, was das für uns bedeutete.

Zu allem Kummer mussten wir nach der Beerdigung auch noch eine böse Überraschung erleben, denn mein Vater stellte fest, dass sein Weingeld verschwunden war. Er bewahrte es immer in dem großen Kleiderschrank im Elternschlafzimmer auf, doch als er es jetzt herausholen wollte, um die Beerdigungskosten zu bezahlen, war von dem ganzen Geld nichts mehr da. Mit einem Mal fiel es uns wie Scheuklappen von den Augen, warum die Totenfrau niemanden von uns im Zimmer dulden wollte, als sie die Mutter herrichtete. Ganz offensichtlich hatte sie die Gelegenheit genutzt, die Schränke zu durchsuchen, aber da es keine Beweise gab, konnten wir nichts unternehmen.

Fünf Tage nach dem Tod meiner Mutter war mein Geburtstag. Obwohl es bei uns normalerweise nicht üblich war, diese Anlässe groß zu feiern und Geschenke zu machen, kam in diesem Jahr eine meiner Tanten und schenkte mir eine Tafel Schokolade – vermutlich wollte sie mir damit ihr Mitleid zeigen, weil jetzt harte Zeiten auf mich als älteste Tochter zukamen. Die Verantwortung für den Haushalt und die jüngeren Geschwister würde nun ganz allein auf mir liegen, zumal mein Vater nicht im Traum daran dachte, sich wieder zu verheiraten.

Damals, unmittelbar nach Mutters Tod, habe ich das noch gar nicht so dramatisch empfunden, sondern habe die Geburtstagsschokolade ganz unbefangen mit meinen Geschwistern geteilt.

So gingen die Jahre ins Land, und nicht nur wir Kinder veränderten uns, sondern auch die politische Lage, denn 1933 kam Hitler an die Macht – sehr zum Ärger meines Vaters. Es muss kurz nach der Machtergreifung gewesen sein, als einer von den NSDAP-Bonzen im Ort zu meinem Vater kam, um unseren Saal für eine Versammlung zu mieten. Der Vater lehnte entschieden ab, weil er mit den Nazis absolut nichts am Hut hatte und sie in keiner Weise unterstützen wollte. Doch der braune Parteigenosse setzte ihn unter Druck:

»Wenn du uns in deiner Wirtschaft nicht die Versammlung abhalten lässt, sorge ich dafür, dass niemand mehr in dein Lokal kommt.« Da gab der Vater nach, denn er wollte unsere Existenz nicht aufs Spiel setzen.

Zu dieser Zeit waren wir Geschwister entweder schon erwachsen oder zumindest aus den Kinderschuhen heraus. Mein ältester Bruder war seinen Neigungen entsprechend Kunst- und Bauschlosser geworden, während der jüngere Bruder, der gerne Konditor gelernt hätte, auf seinen Wunschberuf verzichten musste. »Schlag dir das aus dem Kopf! Einer muss den Hof übernehmen. Und da dein Bruder Schlosser ist, bist du dran«, entschied mein Vater. Er hat nicht widersprochen, mein kleiner Bruder, denn Widerspruch wurde bei uns nicht geduldet, aber ich bin sicher, dass er sich innerlich dagegen aufgelehnt hat. Es blieb ihm jedoch nichts anderes übrig, als sich zu fügen und mit dem Vater aufs Feld und in die Weinberge zu gehen und alle anfallenden Arbeiten zu lernen.

Wir Mädchen durften alle drei keinen Beruf erlernen. »Wozu?«, hieß es immer wieder. »Ihr heiratet ja doch. Außerdem brauche ich euch als Hilfe auf dem Hof und in der Wirtschaft. Dabei lernt ihr alles, was ihr für euer späteres Leben braucht.« Die Zeiten, in denen mein Vater mir den Besuch des Lyzeums ermöglicht und meine musikalischen Ambitionen gefördert hatte, waren lange vorbei.

Eines Tages erschien ein fremder Gast in unserem

Lokal. Es gefiel mir, wie er mich anlächelte, und so freute ich mich, als er einige Tage später wieder bei uns vorbeischaute. Na ja, was soll ich sagen – nach einiger Zeit fasste er sich ein Herz und fragte, ob ich mit ihm zum Tanzen gehen würde. In dieser Zeit gab es noch einige andere Burschen, die mir schöne Augen machten, von denen einer einen Spezereiladen in Grünstadt besaß, der andere war Beamter beim Finanzamt. Beide erschienen meinem Vater als bessere Partien, und so sagte er mit leisem Vorwurf, als er mein Interesse für den Fremden entdeckte: »Norchen, der ist nichts für dich. Du kannst doch ganz andere haben«, und zählte mir die Vorzüge der beiden Konkurrenten um meine Gunst auf.

»Ach, Papa«, entgegnete ich. »Ich will keine Partie machen. Der Peter ist ein netter Bursche. Er gefällt mir, und ich habe ihn gern.«

»Aber Norchen, mit dem kannst du doch keinen Eindruck machen. Der ist doch nur ein einfacher Schlosser und Schmied.«

»Das wundert mich aber, Papa, dass du so etwas sagst. Dein Ältester ist immerhin auch Schlosser.«

Da wusste mein Vater nichts mehr einzuwenden, und so haben wir 1934 geheiratet, der Peter und ich, blieben aber weiterhin bei meinem Vater wohnen, damit ich ihm im Haus und in den Weinbergen helfen konnte. Es war nicht immer leicht, denn mit dem Alter wurde mein Vater zunehmend starrsinniger.

Bei uns auf dem Land war es üblich, dass in Verbindung mit der Kirmes eine Tanzveranstaltung abgehalten wurde. Da kurz vor der Kirmes im Nachbarort 1937 der Dorfwirt plötzlich starb, überlegte man, diesen Kirmestanz zu uns zu verlegen. Dagegen hatte mein Vater nichts einzuwenden, doch weil es plötzlich hieß, unsere Räume seien zu klein, und man wolle in die Turnhalle ausweichen, stellte der Vater sich quer, obwohl die Bewirtschaftung auch dort ein einträgliches Geschäft für ihn gewesen wäre. Er blieb stur und lehnte das Angebot rundweg ab: »Nein, nur in meinem Haus oder gar nicht.«

Meine Geschwister und ich waren entsetzt. Einen so guten Verdienst konnte man sich doch nicht durch die Lappen gehen lassen. Also besprachen wir, dass wir die Sache auf eigene Faust durchziehen wollten. Wir legten genau fest, wer was übernehmen sollte, und teilten unseren Entschluss dem Bürgermeister mit, der sich hoch erfreut zeigte, dass nun alles geklärt war und die Kirmesfeierlichkeiten stattfinden konnten.

Eine meiner Tanten, eine Spülfrau und ich übernahmen die Küche. Eine meiner Schwestern und zwei Cousinen waren für die Bedienung zuständig, während die zweite Schwester beim Vater bleiben sollte. Mein älterer Bruder kümmerte sich mit einer weiteren Cousine um den Ausschank und ließ – da man noch keine Kühlschränke kannte – rechtzeitig Stangeneis zur Kühlung der Getränke bringen.

Unser jüngerer Bruder spielte den Tanzordner, der nur eine bestimmte Anzahl von Paaren auf die Bühne ließ und die anderen an der Treppe zurückhielt, denn hätten alle Tanzwilligen gleichzeitig das Parkett gestürmt, wäre ein solches Gedränge entstanden, dass sich keiner mehr hätte rühren können. Ja, es hätte sogar die Gefahr bestanden, dass die Bühne zusammenbrach.

Es war damals so üblich, dass einer den Ordner spielte, und die Leute hielten sich auch an die Anweisungen. Obwohl unser Bruder so etwas noch nie gemacht hatte, meisterte er diese Aufgabe hervorragend.

Auch mit der Bedienung klappte es wie am Schnürchen, denn wir arbeiteten mit Bons – das heißt, dass jeder vor dem Fest die entsprechenden Essens- und Getränkegutscheine kaufen musste. Das ersparte uns das zeitraubende Abrechnen am Tisch, und niemand konnte uns entwischen und die Zeche prellen, was in unserer Wirtschaft bei solchen Anlässen leider nicht selten geschah. Rundherum war es also ein gelungener Abend und ein voller Erfolg, auch in finanzieller Hinsicht, und wenngleich er es nicht zugeben wollte, hat der Vater große Augen gemacht, als er von unserem Verdienst an diesem Abend erfuhr.

Drei Monate nach dem Kirmestanz kam meine Tochter zur Welt, und als sie zwei Jahre alt war, brach der Zweite Weltkrieg aus. Zunächst wurde mein Mann freigestellt, weil er in einem kriegswichtigen Betrieb beschäftigt war, doch einige Zeit darauf musste auch er einrücken. Jetzt lag die Verantwortung für den ganzen Betrieb allein bei mir und einer Schwester, denn der Vater war inzwischen gestorben, und der Bruder, der den Hof übernommen hatte, war gleich zu Kriegsbeginn eingezogen worden.

Zu unserem Glück wurde uns ein russischer Kriegsgefangener für die schwere Arbeit zugeteilt. Er war nicht mehr ganz jung, hieß Michail, und wir mochten ihn alle gut leiden, sodass er bald praktisch zur Familie gehörte. Wir konnten uns so auf ihn verlassen, dass ich meine Koffer packen konnte, um mit meinem Kind meinen Mann in der Kaserne zu besuchen, als er nach seiner Einberufung noch eine Weile in der Nähe war. So waren wir beispielsweise einmal übers Wochenende in Lahnstein, später auch einmal in Kaiserslautern. Das waren eigentlich die größten Reisen, die ich bis dahin gemacht hatte.

Als der Krieg endlich vorbei war, wusste ich lange Zeit nichts über das Schicksal meines Mannes, bis er an einem schönen Sommertag plötzlich vor der Tür stand. Er war zwar völlig abgemagert, todmüde, verdreckt und verlaust, aber er lebte, war gesund und unverletzt! Von Bad Hersfeld aus, wo er kurze Zeit in englischer Gefangenschaft gewesen war, hatte er sich zu Fuß bis zu uns nach Hause durchgeschlagen.

Wenige Tage später stand wieder jemand vor der Tür: Michail! In den letzten Kriegstagen, als schon alles drunter und drüber gegangen war, hatte man ihn mit anderen Zwangsarbeitern in ein Lager bei Kaiserslautern verfrachtet, aber er war von dort zu Fuß wieder zu uns gekommen und erklärte: »Ich will bei euch bleiben. Hier ist mein Zuhause.« Nur zu gerne nahmen wir ihn auf und waren traurig, dass er irgendwann doch wieder zurück nach Russland musste.

Jetzt warteten wir nur noch auf die Rückkehr meines jüngsten Bruders, der seit 1942 in Russland als vermisst galt. Wir setzten alle Hebel in Bewegung, um etwas über seinen Verbleib zu erfahren, und verloren die Hoffnung nicht. Doch als Mitte der fünfziger Jahre der damalige Bundeskanzler Adenauer die Freilassung der letzten deutschen Kriegsgefangenen in Russland erreicht hatte, mussten wir der bitteren Tatsache ins Gesicht sehen, dass unser Bruder nicht darunter war. Jetzt endlich ließen wir ihn für tot erklären, damit klare Verhältnisse geschaffen werden konnten. Trotzdem ließ ich ins Grundbuch eintragen, dass der Hof an ihn zurückgegeben würde, falls er doch noch heimkehren sollte, was jedoch nie geschah.

Oft muss ich daran denken, wie das Schicksal so spielt. Erst hatte unser Vater seinen Kopf durchgesetzt und den armen Jungen gezwungen, Landwirt zu werden, um das Weiterbestehen seines Hofes zu sichern, und nun war das Erbe doch unter den vier

Geschwister aufgeteilt worden. Wie heißt es treffend in einem Sprichwort: »Der Mensch denkt und Gott lenkt.«

Eine turbulente Kindheit

Sonja, Jahrgang 1926, aus Berlin

Es muss in meinem vierten Lebensjahr gewesen sein, und ich sehe mich noch heute als winziges Mädchen an einem Wintertag an der Hand meiner Mutter lustlos durch die Nacht wandern. Wahrscheinlich war es noch gar nicht so spät, aber im Dezember wird es eben früh dunkel, vor allem auf dem Land. Um mich etwas aufzumuntern, rief meine Mutter immer wieder begeistert: »Oh, es riecht hier so gut nach Landluft!«

Ich vermochte ihre Begeisterung nicht zu teilen und widersprach: »Nee, es stinkt hier furchtbar nach Mist.« Woher mir der Geruch von Mist bekannt war, ist mir rätselhaft, da ich ja aus der Großstadt kam. Jedenfalls war ich froh, als wir unser Ziel, ein einsames Bauernhaus in der Lüneburger Heide, endlich erreicht hatten.

Mama hatte mir gesagt, dass wir hier das Weihnachtsfest bei einer Familie mit sieben Kindern verbringen wollten – genauer gesagt mit der Mutter und ihren Kindern. Von einem Vater war weit und breit nichts zu sehen, aber das war für mich nicht ungewöhnlich, weil mein eigener Vater aus mir unbekannten Gründen eines Tages einfach nicht mehr da war und ich mich an das Leben allein mit meiner Mutter gewöhnt hatte. Was geschehen war, erfuhr ich erst später, ebenfalls, was es mit den Jansens auf sich hatte. Frau Jansen hatte vor dem Ersten Weltkrieg ein Studium der Philosophie begonnen, was für ein Mädchen damals ziemlich ungewöhnlich war, und lernte einen Kommilitonen kennen und lieben. Die beiden heirateten nach bestandenem Examen, doch anstatt die erworbene Bildung für eine lukrative Anstellung im Staatsdienst zu nutzen, kam das junge Ehepaar auf die verrückte Idee, wie damals Verwandte und Freunde meinten, einen verlassenen Heidehof samt Land zu erwerben und zu bewirtschaften. Sie waren gewissermaßen frühe Aussteiger.

Allerdings gab es zu jener Zeit bereits einen gewissen Trend unter Großstädtern, das Leben in der Natur zu idealisieren und sich nach einem einfachen Leben auf dem Land zu sehnen. Für Frau Jansen, die die Erzählungen von Hermann Löns liebte, war die Heide das Ziel ihrer Sehnsucht.

Doch wie so oft kam alles ganz anders. Kurz nachdem das siebte Kind geboren worden war, zerbrach die Idylle, und ihr Ehemann verschwand mit einer Geliebten. Wo er die in dieser Einöde aufgetrieben hatte, konnte sich niemand erklären.

Seine Frau jedoch ließ sich nicht unterkriegen. Sie bewirtschaftete den Hof allein weiter, wobei ihre ältesten Kinder bald ganz schön zupacken mussten. Im Stall standen zwei Kühe, ein Schwein, ein paar Heidschnucken und anderes Kleinvieh, dazu gab es Bienenstöcke und was auf einen anständigen Bauernhof so gehört. Alles, was die Familie zum Leben brauchte, baute sie selbst an, oder man holte sich aus der Natur, was diese kostenlos bereithielt: Beeren, Pilze, Kräuter, Haselnüsse, Holunder.

Ich genoss das Weihnachtsfest 1929 in vollen Zügen. Es war herrlich für mich, es im Kreis so vieler Kinder zu verbringen, bei denen ich im Mittelpunkt stand. Alle bemühten sich um mich: Die älteren Jungs, Hermann und Siegfried, neckten mich; die Mädchen mit den bezeichnenden Namen Heidrun, Heidemarie und Heidelinde rissen sich darum, mich zu bemuttern; Christian, zwei Jahre älter als ich, war mein Spielkamerad, und bei dem kleinen Gero übernahm ich stolz die Mutterrolle. Welch langweiliges Leben hatte ich doch als Einzelkind geführt!

Nach den Feiertagen war meine Mutter mit einem Mal verschwunden, ohne dass sie es mir vorher gesagt hätte. »Wo ist denn meine Mama?«, wollte ich wissen. »Die muss in der Stadt Besorgungen machen«, erklärte mir Frau Jansen, und damit gab ich mich zufrieden. Als sie am nächsten Tag noch immer nicht zurück war, fragte ich erneut nach. »Weißt du, Sonja, deine Mama ist in Berlin aufgehalten worden. Es wird wohl noch ein paar Tage dauern, bis sie kommt.« Auch diese Erklärung genügte mir, denn ich vertraute Frau Jansen, die eine frühere Freundin meiner Mutter war.

Das einfache, aber turbulente Leben gefiel mir von Tag zu Tag besser. Allein das Baden am Samstagabend war ein Erlebnis. Alle wurden in den großen, metallenen Waschkessel gesteckt, ein Kind nach dem anderen, inklusive meiner Winzigkeit. Das fand ich herrlich. Wir badeten in dem gleichen Kessel, in dem sonst die Wäsche gekocht wurde und in dem Frau Jansen im Herbst das Pflaumenmus zu rühren pflegte. Wenn ein Schwein geschlachtet wurde, musste der Kessel ebenfalls herhalten. Im Übrigen wusch man sich, in Ermangelung von fließendem Wasser im Haus, draußen an der Pumpe.

Einfach, wie alles hier im Hause, waren auch die Mahlzeiten. Vor dem Frühstück mussten wir uns der Größe nach aufstellen. Dann bekam jedes Kind aus der großen Korbflasche einen Löffel voll Lebertran, der widerlich schmeckte. Das eigentliche Frühstück bestand aus einem scheußlichen Haferbrei – nur am Samstag, wenn der Bäckerwagen am Haus vorfuhr, durfte jedes Kind sich ein Brötchen aussuchen. Die Auswahl war groß, und immer wieder wählten wir eine neue Sorte. Darauf freute man sich schon die ganze Woche, sodass einem das Herunterwürgen des Haferbreies leichter fiel. Das Mittagessen bestand überwiegend aus Gemüse, weil es davon genug im eigenen Garten gab, oder aus Pilzen, die wir im Wald gesammelt hatten. Abends gab es meist Butterbrote mit Marmelade, ganz selten einmal Wurst, obwohl jedes Jahr zweimal geschlachtet wurde.

Aber eines bekamen wir immer, sozusagen als Belohnung nach geleisteter Arbeit, das war für jeden ein Glas mit Tee, dem ein bestimmter Pilz zugesetzt wurde und der einige Tage ziehen musste, bis das Gebräu so ähnlich schmeckte wie Most. Wir liebten diesen Tee, zumal wir tagsüber nur Wasser tranken.

Zudem war er für uns wirklich eine Art Belohnung, denn obwohl es im Heidehaus recht locker zuging, hatten alle Kinder bestimmte Aufgaben zu erledigen – davon waren selbst die Jüngsten nicht ausgenommen, und auch ich, eigentlich ein Gast, wurde eingespannt. Meine Aufgabe bestand darin, jeden Morgen und jeden Abend Holz hereinzuholen für den Küchenherd, doch ich kann mich nicht daran erinnern, dass mir das in irgendeiner Weise lästig gewesen wäre. Genau wie die anderen Kinder versuchte ich, meinen Pflichten gewissenhaft und vor allem schnell nachzukommen, damit anschließend umso mehr Zeit zum Spielen blieb.

Wir lebten nämlich geradezu in einem Spielparadies, und nicht zuletzt daran lag es, dass mir noch heute der

Aufenthalt in der Heide trotz des bescheidenen Essens als die schönste Zeit meines Lebens vorkommt. Was haben wir nicht alles gespielt! Wenn Schnee lag, verbrachten wir viele Stunden im Freien mit Schlittenfahren, mit Schlittschuhlaufen auf dem Weiher, mit Schneemannbauen und Schneeballschlachten.

An den langen Winterabenden war es besonders gemütlich im Heidehaus. Das Feuer im Ofen knisterte und verbreitete Behaglichkeit. Wir saßen alle um den großen, quadratischen Küchentisch, in dessen Mitte die Petroleumlampe ihr spärliches Licht verströmte, denn Elektrizität gab es in dieser Einöde noch nicht, und machten die unterschiedlichsten Spiele: Domino, Mikado, Mensch ärgere dich nicht, Angelspiel, Hütchenspiel, Singspiele und Fingerspiele. Frau Jansen, zu der ich bald Mutter sagte, weil ich das von den anderen so hörte, saß meist nur dabei, ohne mitzuspielen, denn sie hatte eine Menge anderer Arbeiten zu erledigen.

Das Frühjahr kam, und meine Mutter hatte mich immer noch nicht abgeholt. Jetzt spielten wir im Freien Blindekuh, Ballspiele, Reifenschlagen, »Der Plumpssack geht um«, »Häschen in der Grube« und vieles andere mehr. Ich blieb einige Jahre in der Heide und sah meine Mutter nur in unregelmäßigen Abständen, wenn sie für ein paar Tage zu Besuch kam.

Offensichtlich war sie der Meinung, dass sie sich in

Berlin nicht genug um mich kümmern konnte, und diese Erklärung schien mir ganz plausibel zu sein. Da ich mich außerdem pudelwohl in der Heide fühlte, fragte ich nicht weiter nach, freute mich zwar unbändig, wenn meine Mama kam, und begrüßte sie stürmisch, war aber nicht übermäßig traurig, wenn sie wieder wegfuhr. Schließlich hatte ich meine Ersatzfamilie, die mich liebte. Überdies – das erfuhr ich jedoch erst später – war meine Gastmutter auf das Pensionsgeld, das sie für mich erhielt, als zusätzliche Einnahmequelle angewiesen.

Auf die Unterstützung ihres Ehemanns konnte sie in dieser Hinsicht kaum zählen. Gelegentlich tauchte er auf in Begleitung von Tante Maria, wie wir seine Lebensgefährtin nennen sollten. Nach einem kurzen Gespräch unter vier Augen mit seiner Frau tätschelte er seinen Söhnen wohlwollend die Wange, drückte den Mädchen einen Kuss auf die Stirn und verschwand wieder, ohne eine Lücke zu hinterlassen. Seine Frau wirkte weder erleichtert noch bedrückt, wenn er kam und wieder ging. Sie zeigte immer ihre gleichbleibende, heitere Gelassenheit.

Sie war eine große, schöne Frau mit langen blonden Haaren, die hastig und unordentlich am Hinterkopf zusammengesteckt waren. Bei ihr von Kleidung zu reden, würde den Sachverhalt nicht richtig wiedergeben, denn ihr Körper war verhüllt von sackartigen Gebilden, die ihrer eigenen Schneiderkunst entsprungen waren. Im Sommer bestanden sie aus grobem Leinen, im Winter aus selbst gesponnener und selbst gestrickter Wolle von den eigenen Schafen. Ihre Füße steckten im Sommer nackt, im Winter von groben Wollsocken umhüllt in flachen Sandalen – nur im Stall trug sie Gummistiefel.

Wie anders sah dagegen meine Mama aus! Klein und zierlich, wirkte sie stets wie aus dem Ei gepellt in ihrem perfekten Schneiderkostüm. Ihr brünettes Haar trug sie, der neuesten Mode entsprechend, zum Bubikopf geschnitten und in sorgfältig frisierte Wellen gelegt. Sie hatte immer hochhackige Schuhe an, in denen ich einmal Gehversuche machte, dabei aber zur Schadenfreude meiner Pflegegeschwister unsanft auf der Nase landete.

Mit der Zeit war mir Frau Jansen genauso lieb geworden wie meine eigene Mutter. Hätte man mich in diesem Alter vor die Entscheidung gestellt, bei einer von beiden bleiben zu müssen, wäre mir die Wahl bestimmt schwergefallen. Inzwischen war es für mich ganz selbstverständlich, dass meine Mama für einige Tage kam und dann wieder für Wochen oder Monate verschwand.

Niemals äußerte ich den Wunsch, mit ihr zu gehen. Das hätte ja bedeutet, die Geschwisterschar, in die ich voll integriert war, zu verlassen. Mir gefiel der Zustand, zwei Mütter zu haben – eine, die ständig für mich da war, und eine, die mich von Zeit zu Zeit besuchte und immer etwas Gutes mitbrachte. Meist war es eine Tüte Bonbons, mal eine Tafel Schokolade oder eine Packung Kekse. Für meine Mutter auf der anderen Seite war es eine große Erleichterung, wie sie mir später erzählte, dass ich niemals beim Abschied weinte und mich an sie klammerte. Sie konnte beruhigt wegfahren, weil sie wusste, dass ich glücklich war.

Auch wenn ihre Besuche ansonsten sporadisch waren, konnte ich mich darauf verlassen, dass sie an Weihnachten und zu meinem Geburtstag kam. Dann brachte sie meist Dinge mit, die ich dringend brauchte: eine Strickjacke, ein Paar Strümpfe, Schuhe, ein Kleidchen, eine Mütze oder einen Schal, aber einmal auch ein besonderes Geschenk: eine kleine Negerpuppe, ein Möhrchen, wie ich sie liebevoll nannte und das mich viele Jahre lang überallhin begleitete.

Wenn ich oder eines der anderen Kinder Geburtstag hatte, backte Mutter Jansen immer einen Kuchen und organisierte für uns wunderschöne Spiele, bei denen es manchmal sogar kleine Preise gab wie beim Topfschlagen. Beliebt waren auch »Häschen in der Grube«, »Mutter, wie weit darf ich reisen?«, »Wer hat Angst vorm schwarzen Mann?«, Eierlaufen und Eierrollen – mit ausgeblasenen Eiern, versteht sich. Geburtstage waren also im Heidehaus immer besondere Ereignisse, und bei so vielen Kindern wurde oft gefeiert.

Manchmal holte mich meine Mutter für ein paar

Wochen zu sich in unsere Berliner Wohnung, aber nie, ohne mir vorher zu versprechen, dass ich wieder zurück zu Jansens dürfe. Einmal allerdings, da muss ich fünf gewesen sein, schaffte sie es aufgrund eines Termins nicht, mich persönlich zurückzubringen. Den weiten Weg sollte ich also ganz alleine zurücklegen, mit Umsteigen in Celle. In Berlin setzte sie mich in den Zug, nachdem sie mir eingeschärft hatte, mich nur ja nicht von meinem Platz zu bewegen und vor allem mit niemandem mitzugehen, außer in Celle. Dort würde ich von einer Dame abgeholt, die mich in den richtigen Zug setzen sollte. Der Name dieser Person wurde mir eingebläut und zusätzlich auf einem Zettel mitgegeben. Obwohl ich noch nicht zur Schule ging, konnte ich schon Druckbuchstaben lesen. Als die Frau mich dann am Zug in Celle abholen wollte, bestand ich darauf, dass sie mir ihren Namen nannte, sonst hätte ich mich nicht von der Stelle bewegt. Auf diese Weise kam ich nach meiner ersten Reise, die ich mutterseelenallein unternommen hatte, wohlbehalten auf dem Heidehof an.

Ein Problem war der Schulbesuch auf dem Heidehof. Frau Jansen hatte die Sache dahingehend gelöst, dass die Kinder zunächst in die Dorfschule gingen und später von einem Hauslehrer unterrichtet wurden, denn für ein Internat fehlte ihr das Geld. Der Unterricht fand jeden Vormittag im Wohnzimmer statt, und da ich noch nicht schulpflichtig war, sollte ich derweil mit den beiden Kleinen in der Küche spielen. Manchmal durfte ich aber auch beim Unterricht still dabeisitzen; dann lauschte ich gebannt vor allem schaurigschönen Geschichten und Gedichten, die der Lehrer ausdrucksvoll vorzutragen vermochte. Einige haben sich mir dermaßen fest eingeprägt, dass ich sie noch heute wiedergeben oder fehlerfrei aufsagen könnte.

Kurz vor meinem sechsten Geburtstag fuhr ein Taxi vor. Während wir darauf zuliefen und es gebührend bestaunten, sprang ein Mann heraus und fragte nach Frau Jansen. Als sie kam, überreichte er ihr einen Brief, den sie eingehend studierte. »Geht in Ordnung«, sagte sie und bat den Mann, auf der Bank vor dem Haus Platz zu nehmen. Dann nahm sie mich bei der Hand und ging mit mir ins Mädchenzimmer.

Während sie meine Kleidung in einen kleinen Koffer legte, forderte sie mich auf, mein Lieblingsspielzeug in ein Körbchen zu packen, und erläuterte: »Onkel Bill wird mit dir eine Reise machen und dich zu deiner Mutter bringen, die große Sehnsucht nach dir hat.« Noch ehe ich dazu kam, meinen Protest anzumelden, beruhigte sie mich: »Hab keine Sorge, nach der Reise wird deine Mama dich wieder zu uns bringen.«

Nun packte ich mit größtem Eifer ein paar Zapfen, einige Steine und meine Strickliesel ins Körbchen, denn für Abenteuer war ich immer zu haben. Im Taxi ging es zum Bahnhof. Außer seinem Koffer trug Onkel Bill, der ein Freund meiner Eltern war, wie er sagte, mein Köfferchen, während ich mit einer Hand den Henkel meines Korbes umklammert hielt und mit der anderen mein Möhrchen an mich presste.

Dann ratterte der Zug mit uns davon. Jedes Mal, wenn ich aufwachte, ratterte er noch immer – bis wir schließlich in Barcelona ankamen. Zu meiner maßlosen Enttäuschung wartete meine Mama nicht auf dem Bahnsteig, um mich in Empfang zu nehmen. »Wir müssen erst noch mit dem Schiff fahren«, tröstete mich mein Begleiter.

Mit einer Selbstverständlichkeit, als ob ich nie etwas anderes getan hätte, betrat ich den Dampfer, doch als das Schiff ablegte und ich plötzlich nur noch Wasser um mich herum sah, muss ich große, erschreckte Augen bekommen haben – so jedenfalls hat Bill es später meiner Mama erzählt. Nach über zwölfstündiger Schiffsreise legten wir in Ibiza an, und obwohl ich endlich wieder festen Boden unter den Füßen hatte, glaubte ich noch zu schwanken.

Von meiner Mama war nach wie vor nichts zu sehen. Damals war Ibiza noch ein verschlafenes Fischernest, in dem es nur zwei Taxis gab. Eines hatte Onkel Bill für uns bestellt, und bis meine Mutter mit dem anderen am Hafen eintreffen konnte, waren wir bereits unterwegs. Auf halbem Weg begegneten wir uns, und endlich lagen Mutter und Kind sich überglücklich in den Armen. Damit begann eine ausgesprochen glückliche Zeit für uns beide.

Was hatte meine Mutter nach Ibiza geführt? Sie war für ihre Zeit eine sehr emanzipierte Frau gewesen. Vor ihrer Heirat hatte sie eine Ausbildung zur Krankengymnastin gemacht und den Beruf auch einige Jahre ausgeübt. Sie war der Meinung, eine Frau sollte trotz Ehe auf eigenen Beinen stehen können.

Nach meiner Geburt begann sie dann freiberuflich für Privatpatienten zu arbeiten und lernte auf diese Weise eine wohlhabende Familie kennen, die sie für ein halbes Jahr engagierte, die älteste Tochter, eine junge Frau, die sich auf Ibiza von einer schweren Krankheit erholte, heilgymnastisch zu betreuen.

Kaum dort angekommen, kam ihr die Idee, mich nachkommen zu lassen, und als ihre Arbeitgeberin keine Einwände erhob, dachte sie über Mittel und Wege nach, wie dieser Plan in die Tat umzusetzen war. Ein glücklicher Zufall kam ihr in Gestalt von Onkel Bill zur Hilfe, dem die Ärzte zur Auskurierung einer Allergie einen Aufenthalt auf einer Mittelmeerinsel empfohlen hatten.

An die Monate auf Ibiza habe ich zwar kaum konkrete Erinnerungen, doch ich weiß, dass es eine wunderschöne Zeit war. Die Heimreise trat ich mit Mama und ihrer Patientin an. Mit dem Schiff ging es wieder nach Barcelona, wo wir vor der Weiterfahrt per Bahn mit dem Taxi eine kleine Stadtrundfahrt unternahmen.

Die junge Frau, der es sichtlich besser ging, wollte sich für die Dienste meiner Mutter erkenntlich zeigen und mir eine Puppe schenken. Deshalb ließ sie das Taxi vor einem großen Warenhaus halten und führte uns in die Spielwarenabteilung, wo es alles gab, was ein Kinderherz höher schlagen ließ. Ich wanderte das Regal mit den Puppen auf und ab, von denen eine schöner war als die andere. Meine Wahl fiel schließlich auf ein zauberhaftes Wesen in einer rosa Wolke aus Taft und Tüll und mit einer goldblonden Lockenpracht – diese Puppe musste der Traum eines jeden kleinen Mädchens sein.

Meine Mutter jedoch war mit meiner Wahl nicht einverstanden, warum, weiß ich nicht. Vielleicht dachte sie, die Puppe sei zu riesig und zu protzig, denn das Prachtstück war nahezu so groß wie ein Neugeborenes. Vielleicht hatte sie auch das Preisschild entdeckt und gedacht, meine Wahl sei zu unverschämt. Jedenfalls deutete sie auf eine kleine Chinesenpuppe und raunte mir zu: »Nimm die, nimm die!« Mir gefiel diese Puppe zwar überhaupt nicht, weil sie nur halb so groß war wie das Objekt meiner Begierde und ein einfach geschnittenes Baumwollkleid trug, aber brav wie ich war, nahm ich sie schließlich trotzdem. Sie wurde sorgfältig verpackt, von Mutters Patientin bezahlt und Mama überreicht.

Kaum waren wir aus dem Kaufhaus heraus, wollte ich die Puppe tragen. Wir entfernten den Karton, und ich drückte das Püppchen zärtlich an mich, während wir im Taxi dem Bahnhof zustrebten. Dieses kleine Chinesenmädchen habe ich bis auf den heutigen Tag. Als ich älter wurde, erkannte ich, dass meine Mutter recht hatte und diese Puppe viel, viel schöner war als die geschmacklose Kreation aus wallenden Locken und rosa Tüll.

Der Aufenthalt auf Ibiza hatte mir jedoch nicht nur die wunderschöne Puppe beschert, sondern meiner Mutter auch neue berufliche Perspektiven eröffnet. Da Ferienaufenthalte auf einer Insel im Mittelmeer damals für Normalverdiener noch unerschwinglich waren, hatte meine Mutter die unerwartete Gelegenheit genutzt, neben dem Dienst ihre freie Zeit zu genießen und mit ihrer Kamera, so oft sie konnte, das Land durchstreift und die Schönheiten der Insel mit den vielen fremdartigen Eindrücken festgehalten – dass sie eine begnadete Fotografin war, ahnte sie damals nicht.

Nach ihrer Rückkehr wählte sie die besten Aufnahmen aus und bot sie mit Begleittexten einer namhaften Berliner Zeitschrift an, die die Fotos mitsamt den Texten auch wirklich kaufte und sie als Bildreportage groß herausbrachte. Das Talent zum Schreiben hatte sie wohl von ihrem Vater mitbekommen, der zu seiner Zeit ein angesehener Schriftsteller und Verleger gewesen war. Jetzt machte seine Tochter in diesem Metier Karriere, denn sie avancierte bald zu einer gefragten

Bildjournalistin, ohne je eine Lehre auf diesem Gebiet gemacht zu haben. Sie war eine Selfmade-Frau, wie man das heute nennen würde. Was ihr bei ihrem neuen Beruf ebenfalls sehr zugute kam, waren ihre Sprachkenntnisse. Ihr Englisch war sehr gut, ihr Französisch akzentfrei, sodass sie oft für eine Pariserin gehalten wurde.

Wie sie es versprochen hatte, brachte sie mich nach unserer Rückkehr in mein Heidehaus, wo ich nach meinem Ausflug in die große Welt aufs Neue begeistert Einzug hielt. Ach, war das herrlich, nach einem halben Jahr in der Gesellschaft von Erwachsenen wieder von Kindern umgeben zu sein und nach Herzenslust in der freien Natur herumzutollen und mit den Schätzen zu spielen, die sie uns in verschwenderischer Fülle bot: Steine, Sand, Binsen, Weiden, Blumen, Stöckchen, Zapfen, Eicheln, Kastanien, Schneckenhäuser! Mit unserer unerschöpflichen Fantasie dachten wir uns jeden Tag neue Spiele aus.

Als ich sieben wurde, begann jedoch ein anderer Wind zu wehen. Da war es für mich vorbei mit dem vormittäglichen Spiel und den beschaulichen Schulstunden in der gemütlichen Wohnstube. Mit mir an der einen und dem inzwischen fünfjährigen Gero an der anderen Hand, wanderte Mutter Jansen durch die Heide, bis wir in ein kleines Dorf kamen, wo sie uns in der einklassigen Schule anmeldete. Von da an gingen wir tagtäglich eine halbe Stunde morgens und mittags diesen Weg zwischen Heidekraut und Wacholderbüschen hindurch und vorbei an riesigen Schafherden.

Wir vertrieben uns die Zeit, immer wieder neue Vogel- oder Schmetterlingsarten zu entdecken. Wir beobachteten die Bienen, die von Blüte zu Blüte summten, und die Ameisen, die eifrig Material in ihren Bau schleppten. Wir sammelten Blumen und legten sie in ein Buch zum Pressen.

Zu schnell war der schöne Heidesommer vorbei, und ganz unerwartet endete auch meine Zeit im vertrauten Heidehaus. Eines Tages nämlich stand unangemeldet meine Mutter vor der Tür, um mich abzuholen. Sie war tiefschwarz gekleidet und sagte zu Mutter Jansen: »Jetzt, wo ihr Vater nicht mehr lebt, kann ich Sonja endgültig nach Hause nehmen.« Durch diese Worte wurde mir erst bewusst, dass ich einen Vater hatte, den ich nicht kannte.

Mein Abschiedsschmerz wurde gemildert von der Neugier, mehr über diesen unbekannten Vater zu erfahren. Sobald ich mit meiner Mutter im Zug saß, fragte ich sie, was mit ihm gewesen sei. Da erzählte sie mir, dass man, als ich noch sehr klein war, bei ihm eine Lungenkrankheit entdeckte und er sofort in eine Heilanstalt musste.

Weil er zwischendurch immer wieder nach Hause durfte, hatte sie mich schließlich zu Jansens gebracht, damit ich mich nicht ansteckte. Also hatte mein Aufenthalt in der Heide nichts mit Mamas Beruf zu tun gehabt, wie ich immer geglaubt hatte, sondern sie hatte mich immer nur dann nach Hause holen können, wenn der Vater im Sanatorium oder in der Klinik gewesen war. Seine beiden letzten Jahre habe er wegen seiner offenen Tuberkulose weitgehend in einer Lungenheilanstalt verbracht, erzählte sie. Dort sei er auch während unserer Zeit auf Ibiza gewesen.

Jetzt lebten wir also wieder gemeinsam in Berlin, und ich dachte, nichts auf der Welt könnte uns wieder trennen. Doch nach einigen Monaten hieß es erneut, Abschied zu nehmen, denn meine Mutter bekam einen großen Auftrag für eine Bildreportage, der sie für mehrere Monate ins Ausland führte. Mein einziger Trost war, dass ich wieder zu Jansens kam.

Ich freute mich schon auf das Heidehaus und war maßlos erstaunt, als wir schon nach wenigen Bahnstationen ausstiegen – die Strecke hatte ich als viel länger in Erinnerung gehabt!

»Werder/Berlin« stand in großen Lettern auf dem Bahnsteigschild. Da stimmte doch etwas nicht! Vom Bahnhof gingen wir ein paar Minuten eine Straße entlang, bis wir ein mehrstöckiges Gebäude erreichten.

Wir stiegen eine Treppe hoch, und Mutter läutete an der Wohnungstür, die sofort stürmisch aufgerissen wurde. Die jüngeren Heidekinder stürzten mit Freudengeschrei auf mich zu, und hinter ihnen erschien mit lächelndem Gesicht Mutter Jansen. »Willkommen, Sonja«, sagte sie und drückte mich zärtlich an ihren großen, weichen Busen.

Über das Wiedersehen war ich so erfreut, dass ich zunächst mein Erstaunen vergaß, nicht im Heidehof zu sein. Erst nach Tagen fragte ich Frau Jansen, warum sie nicht mehr in der Heide seien. Die Arbeit sei ihr allmählich über den Kopf gewachsen, erklärte sie, und zudem habe sie sich Sorgen um die Ausbildung ihrer Kinder gemacht. Der Heidelehrer sei zwar ganz nett und tüchtig gewesen, könne jedoch auf Dauer eine höhere Schule nicht ersetzen.

Die nächsten Monate ging ich also gemeinsam mit den kleinen Jansens in die Volksschule von Werder – es war meine dritte Schule in meinem ersten Schuljahr! Bedingt durch den Beruf meiner Mutter, brachte ich es im Laufe meiner Schulzeit auf dreizehn verschiedene Bildungseinrichtungen. Immer, wenn ich in eine neue Schule kam, waren die Schüler entweder mit dem Lehrstoff voraus oder sie hinkten nach. Weil ich aus diesem Grund nie richtig mitarbeiten konnte, wurde mir zeitweise der Schulbesuch verleidet. Zwar lernte ich immer gern und hatte Freude an neuen Dingen, doch ich entwickelte zunehmend eine ausgeprägte Angst vor Prüfungen.

Aber das war das einzig Nachteilige an unserem unsteten Leben, das ich ansonsten in vollen Zügen genoss. Außerdem war es immer wieder eine wilkommene Gelegenheit, für eine Weile bei den Jansens zu leben, mit denen ich in Kontakt blieb, bis wir uns durch die Wirren des Zweiten Weltkriegs aus den Augen verloren.

Als freie Bildjournalistin verbrachte meine Mutter mehr Zeit im Ausland als zu Hause. Sie arbeitete für »Die Dame«, für die »Berliner Illustrirte«, »Die Zeit« und noch einige andere Zeitschriften. Sie war eine begeisterte und gefragte Fotografin und hat ihren Beruf bis kurz vor ihrem Tod ausgeübt – sie wurde neunundsiebzig Jahre alt.

An eine meiner Schulen erinnere ich mich besonders gern. Es war eine Rudolf-Steiner-Schule, die heute Waldorfschulen heißen und in denen großer Wert auf Kreativität gelegt wird. Mit meiner blühenden Fantasie gab ich immer den Ton an, wenn es um große Spielprojekte ging. So bauten wir ein riesiges Schiff aus umgedrehten Stühlen, mit alten Tischdecken als Segeln und Stöcken als Ruder. Aus umgekippten Tischen, alten Wolldecken und Stöcken errichteten wir Zelte, in denen wir Indianer waren oder Trapper oder Pfadfinder, oder Häuser, Kutschen und Eisenbahnen.

Wenn wir wegen schlechter Witterung nicht draußen spielen konnten, haben wir uns Theaterszenen ausgedacht. Wir bauten aus einem riesigen Pappkarton ein Figurentheater, vor dem eine alte Decke als Vorhang hing. Wir bastelten aus Pappe etwa zwanzig

Zentimeter große, bunt bemalte Figuren, die wir an Stäben bewegten. Eine unserer tollsten Geschichten hieß »Der Troll und die Geißen«, und darin ging es um einen bösen Troll, der eine Brücke bewachte. Als das erste Geißlein kam, grollte der Troll: »Du kommst mir gerade recht. Ich werde dich fressen.« Das kluge Geißlein rettete sich durch den Spruch: »Lieber Troll, ich bin ja nur ein Kleiner, zwei sind mehr als einer. Gleich wird mein großer Bruder kommen, der wird viel besser dir bekommen.«

Das zweite Geißlein verwies auf die gleiche Art auf das dritte, und das dritte Geißlein war schon so groß, dass es den Troll mit seinen Hörnern in die Flucht jagen konnte. Solche und ähnliche Geschichten kamen bei den Mitschülern so gut an, dass wir von unseren Lehrern angehalten wurden, immer mehr zu produzieren. Das Schöne an dieser Schule war, dass wir tun und lassen konnten, was wir wollten, und nie geschimpft wurden. Oberstes Ziel war es, unsere Kreativität zu fördern, was nicht zuletzt durch allerlei Bastelarbeiten geschah.

Die größte Sache, die wir je gebaut haben, war ein Puppenhaus, und zwar nur mit Materialien, die eigentlich Abfall waren: alten Kartons, leeren Streichholzschachteln, Garnrollen, Käseschachteln, Watte und Stofffetzen. Mit diesem Puppenhaus zum Nulltarif hatten wir bestimmt mehr Spaß, als es die heutigen Kinder mit teuren Traumhäusern haben. In dieser

Schule wurde in mir der Grundstein gelegt für alles Musische, oder es wurden jene Prägungen verfestigt, die ich im Heidehaus mitbekommen hatte.

Durch meine Mutter bekam ich dann weitere Anregungen mit. Da sie gelegentlich Theaterkritiken schrieb, nahm sie mich des Öfteren mit, wenn es von der Schule her möglich war.

Das erste Stück, das ich zu sehen bekam, war die Oper »Hänsel und Gretel« von Engelbert Humperdinck, und ich weiß noch, dass ich schrecklich aufgeregt und nach Ende der Vorstellung völlig begeistert war.

Die letzte Schule, die ich besuchte, war eine Internatsschule. Dort hätte ich eigentlich bis zum Abitur bleiben sollen, doch nachdem ich die mittlere Reife hatte, schrieb ich einen Brandbrief nach Hause: »Bitte, nimm mich hier raus. Meine Schule ist in eine Napola (Nationalpolitische Anstalt) umgewandelt worden. Dauernd muss ich mir politische Vorträge anhören oder soll selbst welche halten. Das widerstrebt mir sehr.«

Umgehend kam meine Mutter meiner Bitte nach, denn sie selbst war eine erbitterte Gegnerin der inzwischen herrschenden Nationalsozialisten.

Weniger entgegenkommend zeigte sie sich jedoch hinsichtlich meiner Berufswünsche. Obwohl es mein sehnlichster Wunsch war, Krankenschwester zu werden, bestand sie darauf, dass ich bei ihr in die Lehre gehen und Fotografin werden sollte. Das hatte zweifellos den Vorteil, dass wir nun zusammen ein großes Stück der Welt bereisen konnten, aber es bedeutete auch, dass ich Berlin verlassen musste, denn meine Mutter lebte mit ihrem neuen Mann, einem Kunstmaler und Fotografen, jetzt in Marquartstein im bayerischen Chiemgau, wo er ein Fotolabor eingerichtet hatte.

Nachdem meine Mutter sich erst selbst mit diesen Arbeiten vertraut gemacht hatte, setzte sie es sich in den Kopf, dass sie jetzt ihre Tochter unterrichten wollte. Das war meist gar nicht so lustig, denn die liebe Mama war eine strenge Lehrherrin. Manchmal hatte mich schon die Lust gepackt zu türmen, doch brav leistete ich meine drei Lehrjahre bei ihr ab, mit Gesellenprüfung und allem, was dazu gehört, aber dann reichte es mir, und ich suchte das Weite. Meine erste Stelle bekam ich bei einem Fotografen in Hamburg, der jemanden für das Ausflugsschiff von Cuxhaven nach Helgoland brauchte. Für lange Zeit schipperte ich nun täglich zwischen Festland und Insel hin und her, um Erinnerungsfotos für die Fahrgäste zu schießen, was damals ein lohnendes Geschäft war, denn die wenigsten besaßen eigene Fotoapparate.

Der einzige Nachteil an dieser Tätigkeit war, dass mir bei hohem Wellengang schlecht wurde. Anfangs wusste ich nicht, was man dagegen tun konnte, bis mich ein Besatzungsmitglied belehrte, dass Trinken dagegen helfe – aber nicht Wasser, sondern Alkohol. So gewöhnte ich es mir an, immer eine Flasche Hochprozentiges bei mir zu haben und im Bedarfsfall einen Schluck zu nehmen.

Für meine Aufnahmen nahm ich stets eine Position ein, aus der ich die Leute fotografieren konnte, wenn sie an Bord gingen, und dabei der Hafen im Hintergrund zu sehen war. Während der Dampferfahrt musste ich schnell die Filme entwickeln, und abends beim Verlassen des Schiffs versuchte ich immer, als Erste unten zu sein und meine Tafeln mit den nummerierten Bildern so aufzustellen, dass sie jedem ins Auge fielen. Die Leute bestellten meist begeistert und bezahlten gleich. Ich notierte die Bildnummern und die Adressen, damit ich ihnen die Bilder später zusenden konnte. Diesen Job machte ich einige Jahre, bis mein Chef fand, dass es Zeit wäre für eine neue Aufgabe. Er löste mich also auf dem Schiff ab und schickte mich stattdessen als Fotografin zu allen möglichen wichtigen und unwichtigen Kongressen, sodass ich ständig in ganz Deutschland unterwegs war.

Obwohl ich meinen Beruf nur widerwillig erlernt und ihn nie mit großer Begeisterung betrieben hatte, habe ich ihn doch viele Jahre ausgeübt und bin dabei weit herumgekommen. Doch mit fünfzig Jahren, als meine Kinder aus dem Haus waren, wagte ich einen neuen Anfang. Zwar war es nicht mein alter Traumberuf Krankenschwester, sondern der einer Altenpflegerin, aber trotzdem hatte ich das Gefühl, endlich dort angelangt zu sein, wo ich immer hingewollt hatte. Dafür nahm ich sogar noch einmal eine Prüfung auf mich, obwohl es mir vor Prüfungen stets gegraust hatte.

Bauerntöchter

Lina, Jahrgang 1924, aus Götzeroth

Meine Familie hatte einen kleinen Bauernhof, der so wenig abwarf, dass mein Vater nebenher als Tagelöhner im Straßenbau arbeitete, wo er Hilfsarbeiten übernahm und so seine Familie über die Runden brachte. Abends und am Wochenende packte er in der Landwirtschaft mit an, die im Übrigen weitgehend von meiner Mutter und meiner Großmutter besorgt wurde.

Diese Großmutter, die Mutter meines Vaters, war eine bemerkenswerte Frau, und zeit meines Lebens habe ich bewundert, wie tapfer sie ihr Schicksal ertragen hat. Bereits mit sechsundzwanzig Jahren war sie Witwe geworden, denn ihr Mann starb mit dreißig Jahren an Blutkrebs. Renten für Landwirte gab es damals noch nicht – die wurden erst in den fünfziger Jahren eingeführt –, und so blieb der jungen Frau nichts anderes übrig, als die Ärmel hochzukrempeln und anzupacken, damit sie sich und ihren fünfjährigen Sohn ernähren konnte. Ihre einzige Unterstützung waren ihre Schwiegereltern, aber die waren bereits zu alt und abgearbeitet, um eine wirkliche Hilfe zu sein.

Weil trotz aller Anstrengungen die Erträge des Hofes nicht reichten, eine vierköpfige Familie zu ernähren, ging meine Großmutter zusätzlich in fremde Häuser zum Kochen. Vor allem zu besonderen Gelegenheiten wie Hochzeiten, Taufen, Konfirmationen oder Beerdigungen rief man sie gerne. Wenn eine besonders große Festlichkeit anstand und ein Saal für die Feier gemietet wurde, kochte sie auch dort, manchmal für an die hundert Personen.

Wurde sie von einem größeren Bauern für eine Hochzeit engagiert, musste sie sich schon um drei oder vier Uhr in der Früh auf den Weg machen, um schon in aller Herrgottsfrühe mit dem Kuchenteig zu beginnen. Sie konnte nämlich nicht nur wunderbar kochen, sondern war auch bekannt für ihre Backkünste.

Und für eine große Bauernhochzeit brauchte man Unmengen von Kuchen, denn die Feierlichkeiten dauerten zwei Tage, und an Verwandtschaft kam alles, was Beine hatte. Hochzeiten waren schließlich Gelegenheiten, alle Familienmitglieder in fröhlicher Runde wiederzusehen und ein gutes Essen zu genießen, wie man es übers Jahr meist nicht bekam.

Auch Kuchen gab es nur zu besonderen Anlässen – meist waren es Kranz-, Streusel- und Blechkuchen, ein Käsekuchen mit selbst gemachtem Quark galt schon als das Höchste der Gefühle. Raffinierte Torten kannte man damals überhaupt noch nicht.

Im Herbst half meine Großmutter bei Verwandten an der Mosel bei der Traubenlese, um zusätzlich etwas zu verdienen, und als sie dazu körperlich nicht mehr in der Lage war, hat sie durch Spinnen und Stricken zum Familieneinkommen beigetragen. Mir ist noch lebhaft in Erinnerung, wie sie am Spinnrad saß und fleißig auf das Brettchen trat, damit das Rad nur so schnurrte. Aus der Wolle hat sie Westen und Strümpfe, Schals und Mützen gestrickt – zum Teil für uns, aber zumeist für fremde Leute, die ihr die gewaschene und gezupfte Schafwolle ins Haus brachten.

Meine Schwestern und ich haben der Großmutter, obwohl wir sie sehr liebten, bisweilen einen Streich gespielt und den Leiermann, wie man das Metallstück nannte, welches das Tretbrett mit dem Schwungrad verband, ausgehängt. Wenn wir dann das verwunderte Gesicht der Oma sahen, weil sich das Rad trotz heftigen Tretens nicht mehr drehen wollte, haben wir uns köstlich amüsiert. Aber mit der Zeit kam sie uns auf die Schliche und entdeckte unsere Missetat sogleich, und damit war für uns der Spaß nur noch halb so groß, wenn die Großmutter nicht mehr herumwerkelte, um den Fehler zu finden.

Wir waren zu Hause nur Mädchen. Großmutters einziger Sohn hatte 1917 eine Bauerntochter geheiratet und ziemlich schnell nacheinander fünf Töchter bekommen. Die Ältesten wurden 1918, 1919 und 1922 geboren, ich selbst folgte 1924 und unsere Jüngste 1927. Weil unser Vater tagsüber woanders arbeitete, mussten wir Kinder schon früh mithelfen, und jede Schwester hatte ihre Pflichten.

Ich kam Ostern 1930 mit fünfeinhalb Jahren in die Schule, und es war für mich zunächst ziemlich anstrengend, den weiten Weg zum Nachbarort, der immerhin eine halbe Stunde dauerte, zu gehen. In unserem kleinen Dorf mit nur zwanzig Häusern gab es nämlich keine Schule, und die erste Zeit kam ich morgens immer erschöpft im Klassenzimmer an.

Nach dem Unterricht erwartete mich noch der lange Heimweg, vor dem es mir immer gegraust hat, besonders als der Winter kam. Da ich klein und zierlich war, fiel es mir schwer, durch den oft tiefen Schnee zu stapfen, denn es wurde nicht geräumt. Wozu auch? Es fuhren ja noch keine Autos außer dem Postauto und dem Milchwagen, und dafür reichte es, wenn ein paar Männer des Dorfes das Gröbste wegschaufelten.

Im Winter fiel bei uns meist viel Schnee, und es konnte vorkommen, dass manchmal tagelang niemand durchkam und wir nicht zur Schule gehen konnten. Dann wurde auch keine Post gebracht und keine Milch abgeholt. Damit diese nicht verdarb, hat unsere Mutter sie selbst zu Butter verarbeitetet, während wir sie sonst bei der Molkerei kauften. Die Rückstände,

Buttermilch und Magermilch, tranken wir, ließen sie zu Dickmilch werden oder machten Quark daraus. Was dann noch übrig war, wurde an die Schweine und die Kälber verfüttert. Meist hielten wir vier Schweine, von denen eines im Herbst und eines im Frühjahr geschlachtet wurden.

Ein wichtiger Erwerbszweig war für uns wie für alle Bauern die Produktion von Eiern, und so sorgte meine Mutter dafür, dass wir immer genug Küken für die Aufzucht neuer Legehennen hatten. Als ich noch klein war, wurden die Eier von Händlern am Haus abgeholt: Weil der christliche Eierhändler nur acht Pfennig, der jüdische dagegen neun Pfennig pro Stück zahlte, hat meine Mutter die Eier lieber dem jüdischen Händler gegeben. Aber irgendwann kam er nicht mehr – wahrscheinlich widerfuhr ihm das gleiche schreckliche Schicksal wie den meisten Juden unter dem Nationalsozialismus.

Was die Eier anging, so machte meine Mutter sich fortan selbst auf den Weg nach Bernkastel, um sie dort in Privathäusern oder Gastwirtschaften zu verkaufen. Damit sich der zweistündige Weg lohnte, nahm sie gleich die Eier der Nachbarn mit, sodass gut und gerne ein paar hundert zusammenkamen. Damit sie unterwegs nicht zu Bruch gingen, wurden sie einzeln in Zeitungspapier eingewickelt und in kleine Kartons gelegt, die entweder in Mutters großen Rucksack oder in die Körbe gepackt wurden, die sie zusätzlich an jeder Hand trug – so ist sie fast jede Woche mit einer Eierladung losgezogen und besserte unser Einkommen auf.

Im Herbst behielten wir immer Eier für den Eigenbedarf zurück, weil die Hühner im Winter überaus legefaul waren, und legten sie in großen Einmachgläsern ein, um sie bis ins Frühjahr haltbar zu machen. Die ersten frischen Eier, die man im Frühling aus dem Nest holte, waren eine solche Kostbarkeit, dass man sie unter keinen Umständen selbst aß, denn sie ließen sich gewinnbringend verkaufen – zwölf Pfennig gab es pro Stück! Frische Eier waren nach dem langen Winter eben eine Rarität.

Für den Winter hat man aber nicht nur Eier haltbar gemacht, sondern auch Weißkraut und grüne Bohnen. Im Herbst, wenn das Kraut, das man bei uns Kappes nennt, geerntet war, zog immer ein Mann von Haus zu Haus mit einer sogenannten Kappesschrubb. Auf Hochdeutsch würde man vielleicht Krauthobel sagen. Mit diesem Gerät hat er jedenfalls in den Häusern den Kappes geschnitten, der dann im Keller in einer großen Holzbütte mit einem schweren Holzstampfer lagenweise eingestampft wurde, wobei über jede Lage Kraut eine Handvoll Salz gestreut werden musste.

Stangenbohnen und Buschbohnen wurden ebenfalls in großen Mengen geerntet. Wir Kinder mussten immer beide Zipfel abschneiden und an der Nahtseite die Fäden ziehen. Anschließend schnippelte die Mutter oder die Großmutter die Bohnen mit einer speziellen Maschine und füllten sie in große Steinguttöpfe. Wie das Kraut mussten auch die Bohnen schichtweise gesalzen werden, um sie haltbar zu machen. Zum Schluss bedeckte man die Gefäße mit zwei halbrunden Brettchen und beschwerte diese mit einem dicken Stein. So sah in meiner Kindheit die Vorratshaltung aus, als es noch keine Konserven und erst recht keine Tiefkühlkost gab.

Alle fünf Enkeltöchter liebten die Großmutter und wetteiferten um die Gunst, in ihrem Zimmer schlafen zu dürfen. Solange die beiden Älteren noch zu Hause waren, hatten sie den Vortritt und wechselten jeden Tag ab. Nachdem sie weg waren, kamen wir Jüngeren zum Zuge. Es war herrlich, denn in dem großen Bett neben der Großmutter schlief es sich viel besser als im eigenen Bett.

Auf Großmutters rechter Wange prangte, solange ich zurückdenken kann, eine dicke Warze. Eines Morgens aber, als ich neben ihr aufwachte, war die Warze verschwunden. Ich erinnere mich so gut daran, weil mir meine Schwestern vorwarfen: »Du hast ihr in der Nacht die Warze abgeschlagen.« Natürlich stimmte das nicht, aber warum die Warze plötzlich nicht mehr da war und nie mehr wiederkam, blieb ein Geheimnis.

Sobald die Töchter armer Bauern aus der Schule kamen, mussten sie »in Dienst gehen«, wie man das nannte. Es erhob sich gar nicht die Frage, ob oder was man lernen wollte. Man ging einfach zu einem großen Bauern, der viel Land hatte, aber nicht genug Leute, um es zu bewirtschaften.

Wenn man in Dienst ging, verpflichtete man sich für ein ganzes Jahr und erhielt zwei Paar Schuhe und zwei Kleider. Außerdem war man für dieses Jahr krankenversichert, was damals ein großer Vorzug war. Nach Ablauf des Jahres suchte man meist eine ähnliche Stellung bei einem anderen Bauern, sodass man zumindest ein wenig herumkam und Neues kennenlernte. Bei mir allerdings lief die Sache anders, denn ich wurde nach meiner Schulentlassung daheim in Haus und Hof gebraucht.

Als meine jüngste Schwester aus der Schule kam, war es inzwischen üblicher, dass auch Mädchen einen Beruf ergriffen, und so äußerte sie mutig ihre Wünsche. Hebamme würde sie gern werden oder Näherin, ließ sie zu Hause verlauten, doch meine Eltern waren noch nicht auf der Höhe der Zeit.

»Schlag dir das aus dem Kopf«, hieß es. »Wir haben Landwirtschaft, da gibt es genug zu tun. Du musst deiner Schwester helfen, weil die Großmutter nicht mehr so kann.« Widerwillig fügte sie sich, denn es blieb ihr nichts anderes übrig.

Dass ich doch noch das Elternhaus verließ, um in Dienst zu gehen, verdankte sich einem Zufall. Als nämlich eine meiner älteren Schwestern heiraten wollte oder musste und das Jahr, für das sie sich verpflichtet hatte, noch nicht abgelaufen war, bestimmten meine Eltern: »Jetzt musst du hin, Lina, und bis Ende Dezember das Jahr voll machen.«

Damals war ich zwar keineswegs begeistert, aber ich tröstete mich mit dem Gedanken, dass es ja nur für vier Monate sein würde.

Am Ende wurden vier Jahre daraus. Als nämlich die ersten Monate um waren, bettelten die Bauersleute: »Ach, bleib doch noch ein Jahr«, und so ging es immer weiter. Da es mir bei ihnen wirklich gefiel, ließ ich mich Jahr um Jahr zum Bleiben überreden, anstatt nach einer neuen Anstellung zu suchen.

Auch stand eine Rückkehr ins Elternhaus nicht mehr zur Debatte, weil meine Schwester bei ihrer Heirat nicht ausgezogen war, sondern ihren Mann hineingeschleppt hatte, und so war kein Platz mehr für mich, zumal sich bald Kinder ankündigten. Da es mir bei meinen Arbeitgebern wirklich gutging, war ich über diese Entwicklung nicht allzu traurig und wäre sicher noch einige Jahre geblieben, hätte mir die Liebe nicht einen Strich durch diese Rechnung gemacht.

Als junger Mensch sehnte ich mich schließlich hin und wieder nach ein bisschen Vergnügen, zumal unsere Jugendzeit daran sehr arm war. Deshalb war es eine willkommene Abwechslung, wenn im Nachbardorf im Wirtshaus einmal Tanz war. Schon als ich noch zu Hause lebte, hatte ich meine älteren Schwestern neidisch beobachtet, wenn sie sich fein machten für eine Tanzveranstaltung, und den Tag herbeigesehnt, achtzehn zu werden und mitgehen zu dürfen. Einmal, ich war siebzehn, bettelte ich meine Schwestern so lange an, dass sie mich mitnahmen. Es war ein »Tanz in den Mai«, und im Saal entdeckte ich viele Mädchen, die ebenfalls zu jung waren. Das beruhigte mich sehr, und wir hatten viel Spaß an diesem Abend, wirklich harmlosen Spaß.

Als sich jedoch um Mitternacht alle Mädchen im Saal aufstellten, sich an den Händen fassten, im Kreis herumhüpften und übermütig sangen: »Der Mai ist gekommen …«, wurde von draußen plötzlich die Tür aufgerissen, und der Gendarm stand da in seiner vollen Größe. Mit Donnerstimme rief er in den Saal: »Wer ist gekommen?«

Erschrocken fuhren alle zusammen, die noch keine achtzehn waren. Mit Recht, denn da er jede von uns kannte, griff er uns zielstrebig heraus und schickte uns nach Hause. Mehr passierte nicht, aber trotzdem habe ich mich nicht mehr getraut, vor meinem achtzehnten Geburtstag zum Tanzen zu gehen.

Als ich dann mein achtzehntes Lebensjahr vollendet hatte, schloss ich mich den Mädchen aus dem Dorf an, wenn eine Tanzveranstaltung im Wirtshaus stattfand. Man traf immer wieder dieselben Burschen, die von den umliegenden Dörfern kamen, und kannte sich inzwischen recht gut.

Eines Tages nun tanzte einer von ihnen besonders oft mit mir. Jedes Mal, wenn er auf mich zukam, um mich aufzufordern, bekam ich Herzklopfen, und als er mich am Ende des Abends um eine Verabredung bat, war ich selig. Und ziemlich stolz, denn er war ein gut aussehender junger Mann, auf den so manches Mädchen ein Auge geworfen hatte. Bei diesem ersten Treffen erfuhr ich, dass er ebenfalls von einem Hof stammte und sein Vater nebenher eine Schreinerei betrieb. Er sollte eines Tages beides übernehmen, die Landwirtschaft und die Schreinerei.

Als er mir bald darauf zu verstehen gab, dass er ernste Absichten hatte, stellte ich ihn meinen Eltern vor. Sie hatten nichts gegen ihn einzuwenden, im Gegenteil, denn mit seinen zwei Betrieben konnten sie davon ausgehen, dass er bestimmt in der Lage sein würde, eine Familie ordentlich zu ernähren. Nachdem er mich dann direkt und feierlich fragte, ob ich ihn heiraten wollte, antwortete ich ohne Zögern mit »Ja«. Damit war der Moment gekommen, meinen mir lieb gewordenen Bauersleuten Adieu zu sagen.

Später habe ich dann erfahren, dass es mit diesem stattlichen Hof ein trauriges Ende nahm – ebenso mit der Familie. Der Bauer und seine Frau hatten sich von morgens bis abends abgerackert, um das Anwesen für den Sohn in Schuss zu halten und womöglich noch zu vergrößern. Er war ihr einziges Kind, ihr ganzer Stolz und ihre ganze Hoffnung, aber danach fragte der Krieg nicht. 1939, gleich zu Beginn, wurde der junge Mann eingezogen und zwei Jahre später nach Russland geschickt, wo er gefallen ist. Ich weiß nicht, in welchem Jahr das war.

Von diesem Moment an war für die Eltern das Leben vorbei. Sie verloren das Interesse an ihrem schönen Hof, denn ohne den Erben, der den Fortbestand garantierte, schien ihnen alles sinnlos. Sie machten nur noch das Notwendigste, und der Hof kam mit den Jahren sichtlich herunter. Als sie älter wurden und nicht mehr allein zurechtkamen, holten sie Verwandte ins Haus, die sich noch einige Zeit um das alte Ehepaar und den Hof kümmerten. Kurz nacheinander starben meine Bauersleute schließlich, und das, was von dem Hof noch übrig war, wurde verkauft, und die Verwandten teilten den Erlös auf. Als ich davon erfuhr, hat es mir sehr wehgetan, denn immerhin hatte ich dort einige schöne Jahre verbracht.

Die Geschichte vom Storch

Catherine, Jahrgang 1923, aus Nordange, Luxemburg

Meine Mutter brachte ihre Kinder nicht in einer Klinik, sondern zu Hause in ihrem Schlafzimmer zur Welt. Fast alle Frauen taten das damals, von einigen fortschrittlichen und gut informierten abgesehen. Ich kann mich erinnern, dass die Hebamme ebenfalls im Haus war, als mein vier Jahre jüngerer Bruder geboren wurde. Von der Geburt selbst bekam ich natürlich nichts mit, denn man hatte mich rechtzeitig zur Großmutter gebracht.

Als ich am Abend nach Hause zurückkehrte, hieß es einfach: »Jetzt hast du einen Bruder.« Man erklärte mir nichts Näheres, und ich machte mir keine Gedanken darüber, woher er gekommen war – es war in jener Zeit üblich, Kinder so lange wie möglich unwissend über als peinlich empfundene Vorgänge wie Zeugung und Geburt zu halten. Heute, wo bereits Kindergartenkinder aufgeklärt werden, erscheint das als schlichtweg unvorstellbar und absurd.

Mein Vater war von Beruf Schlosser, meine Mutter besaß eine kleine Epicerie, einen Krämerladen also. Nebenher betrieben meine Eltern mit Hilfe der Großeltern eine bescheidene Landwirtschaft. Um uns Kinder kümmerte sich meist die Großmutter, denn einen Kindergarten gab es in unserem kleinen Ort nicht. Da mein Vater viel mit Technik zu tun hatte und den technischen Fortschritt bewunderte, kaufte er bereits 1924 ein Auto, einen grasgrünen Ford, und befand sich damit ganz auf der Höhe der Zeit.

Die erste Autofahrt, an die ich mich erinnern kann, führte nach Beaufort zu Verwandten – ich weiß das noch so genau, weil wir einen ziemlich steilen Berg hinauffahren mussten und ich wahnsinnige Angst hatte, wir könnten rückwärts herunterrollen oder sogar umkippen.

Was den Komfort im Haushalt anging, lebten wir dagegen eher rückständig, denn der Einbau eines Badezimmers wurde immer wieder verschoben. Geduldig schleppte meine Mutter Jahr für Jahr am Samstagnachmittag die Zinkbadewanne in die Küche, damit die Familie ihr wöchentliches Bad nehmen konnte. Aber die Sehnsucht nach dem Luxus eines Badezimmers haftete vor allem in meinem Kopf, und als die Gelegenheit sich bot, machte ich mich mit dem ganzen Gewicht meiner winzigen Person für den Einbau eines Bads stark.

Folgendes geschah: Mein Vater legte wie viele Bewohner unseres Ortes sein Geld bei der Sparkasse Fortuna an. Um auch die Sparer in den vielen kleinen Dörfern betreuen zu können, betrieb der Pfarrer des Nachbarortes praktisch eine Art Nebenstelle der Fortuna. Entweder kam er ins Haus, um das Geld abzuholen, oder man konnte es ihm ins Pfarrhaus bringen. Eine Weile erschien er mit schöner Regelmäßigkeit am Samstagnachmittag, wenn ich gerade in der Wanne saß. Ich war etwa fünf und fand das gar nicht angenehm.

Eines Tages berichtete mein Vater beim Abendessen voller Stolz: »Ich habe etwas Geld zusammengespart. Was wollt ihr? Ein neues Auto oder ein Badezimmer?«

»Ein Badezimmer«, rief ich spontan. Unser Auto war schließlich noch völlig in Ordnung, ein Badezimmer dagegen wäre eine echte Bereicherung gewesen. Die Mutter äußerte sich zu dem Thema nicht, und so wurde auf Wunsch eines fünfjährigen Mädchens ein Badezimmer installiert, das allerdings mit den heutigen Bädern nicht zu vergleichen war. In einer Ecke des Raumes stand ein Kessel, der von unten zu beheizen war und nicht nur das Wasser erhitzte, sondern auch das Zimmer heizte, und die emaillierte Badewanne war nicht mit Kacheln verkleidet. Hauptsache aber war, dass wir unser Bad hatten und ich am Samstagnachmittag in der Zinkwanne nicht mehr fremden Blicken ausgesetzt war.

Es ging mit der Modernisierung weiter, denn im gleichen Jahr bekamen wir elektrisches Licht, während wir vorher nur Karbidlampen gehabt hatten, und etwas später wurde in unserem Haus eine Gasleitung gelegt, sodass das Kochen für meine Mutter einfacher wurde. Ein Elektroherd stand damals noch nicht zur Debatte.

In unserem Dorf lebte noch ein Bruder meiner Mutter, der eine Bäckerei betrieb, die vorher, wie der Krämerladen, meinen Großeltern gehört hatte. Wenn irgendwo in der Nähe Kirmes war, hatten der Onkel und die Mutter immer viel zu tun. Er backte die Torten, und seine Schwester verzierte sie. Das ging meist bis spät in die Nacht, und deshalb blieben mein Bruder und ich zunehmend öfter bei unserer Oma, denn irgendeine Kirmes gab es in unserer Gegend ständig. Zu dieser Zeit lebte noch eine unverheiratete Tochter bei der Großmutter, die ein Pony besaß. Einmal hörte ich sie morgens laut schreien, lief sofort in ihr Zimmer und fand sie ganz steif neben ihrem Bett liegen. Der herbeigerufene Arzt stellte Wundstarrkrampf fest. Sie hatte sich wohl im Stall ihres Pferdes eine offene Wunde geholt, die mit Tetanuserregern infiziert war. Kurz darauf war sie tot. Es war ein großer Schock für die Großmutter, den sie nur schwer überwand. Deshalb nahm es sie sehr mit, als zwei Jahre später ihr Sohn in seinem brennenden Auto schwere Verletzungen erlitt und sie um das Leben ihres zweiten Kindes fürchten musste, aber zum Glück ging es diesmal gut.

Noch heute denke ich gerne an meine Großmutter zurück, die eine couragierte Frau war. Sie hat mich stets ein bisschen verwöhnt, mich überallhin mitgenommen und mir viel gezeigt. Ob es zum Kaffeeklatsch bei einer Freundin ging, ins Museum oder ins Kino – überall war ich dabei.

Als ich bereits zur Schule ging, ist sie in den großen Ferien mit uns Kindern an die Nordsee gefahren, einen ganzen Monat lang. »Dann sind die Kinder aus dem Weg«, pflegte sie meiner Mutter zu erklären. Für uns Kinder war das herrlich, das Wasser, der Strand, die große Freiheit. Welches Kind konnte in der damaligen Zeit schon eine so große Reise machen?

Überhaupt habe ich vermutlich mehr zu sehen bekommen als andere Kinder, denn an den Sonntagnachmittagen hat der Vater sein Auto herausgeholt und Ausflüge mit uns gemacht. Wenn er mich jedoch unter der Woche einmal zur Schule oder zum Kommunionsunterricht fahren sollte, lehnte er empört ab, das Benzin sei zu teuer.

Wir hatten zwar eine Schule am Ort, in der neben Luxemburgisch auch Deutsch und Französisch auf dem Stundenplan standen, aber zur Kirche mussten wir nach Niederpallen, und das waren immerhin zwei Kilometer.

Am Sonntagmorgen besuchten wir die Messe, am

Nachmittag die Vesper und am Abend die Andacht, auch die Vorbereitung für Kommunion und Firmung fand in Niederpallen statt. Trotzdem hat mein Vater es abgelehnt, für solche Wege sein Auto herauszuholen – das war nur für Ausflüge gedacht.

Und Spritztouren unternahmen wir reichlich – jeden Sonntag und kreuz und quer durchs Land. Einmal – daran kann ich mich besonders gut erinnern – haben wir in unserer Hauptstadt, die wie das Land Luxemburg heißt, eine Messe besucht, wo die Eltern mir ein Fahrrad kauften. Ich war unendlich stolz! Ein Fahrrad – die wenigsten Kinder besaßen damals ein solches Gefährt!

Das Rad war leuchtend rot, trug den Schriftzug der Firma Wittler, und mein Vater erklärte mir, wie man mit dem Rücktritt bremste, denn eine Handbremse gab es nicht. Doch aller Anfang war schwer: Zu Hause merkte ich, dass ich zu klein war, um aufzusteigen. Also lehnte ich das schöne neue Fahrrad gegen eine niedrige Mauer, stieg von oben auf und brauste los. Gewusst wie! Wie ich jedoch vom Rad wieder heruntergekommen bin, das weiß ich nicht mehr.

Später hat mein Bruder dieses Rad geerbt, und ich bekam ein größeres, denn da wir ein wenig abseits wohnten, waren Fahrräder für uns Kinder ein wichtiges Fortbewegungsmittel.

Im Winter sind wir auf zugefrorenen Hochwasserwiesen zum Schlittern gegangen, nicht mit Schlittschuhen allerdings. Unter unsere hohen Schnürschuhe hatte der Vater Nägel mit dicken Köpfen eingeschlagen, auf denen man wunderbar übers Eis gleiten konnte.

Trotz der bitteren Kälte trugen die Mädchen keine langen Hosen, und als die Ersten es wagten, sich welche von den Brüdern auszuleihen, wenn sie aufs Eis gingen, war das für die meisten ein Skandal. Voll Entsetzen beobachtete meine Großmutter diese Entwicklung und prophezeite: »Wenn die Frauen mit den Hosen kommen, dann geht die Welt unter.« Damit sollte die sonst so kluge Großmutter allerdings nicht recht behalten.

Mit zwölf Jahren kam ich ins Pensionat nach Ettelbrück, um das dortige Lyzeum besuchen zu können. Die Trennung von der Familie fiel mir sehr schwer, zumal wir nur selten nach Haue durften, das erste Mal zwei Tage zu Allerheiligen. Weihnachten, Ostern und Pfingsten gab es eine Woche lang Ferien, zu Fastnacht noch einmal zwei Tage – und dann natürlich die langen Sommerferien. Trotzdem hatte ich kein wirkliches Heimweh, denn ich genoss das Beisammensein mit den anderen Mädchen. Nur die Schuluniform störte mich, die aus einem schwarzen Kleid mit langen Ärmeln und einer ebenfalls schwarzen Schürze bestand. Im Freien mussten wir dazu einen weißen Strohhut mit schwarzem Band aufsetzen.

Das Pensionat wurde von Schwestern geleitet. Morgens um sechs Uhr weckte uns eine von ihnen, beaufsichtigte uns, damit wir uns ordentlich wuschen, und führte uns um sieben Uhr in die Kapelle zur Heiligen Messe. Anschließend gab es Frühstück und danach eine stille Zeit zum Lernen, die »Silence« hieß.

Nur mittwochs änderte sich der Plan: Da folgte auf das Frühstück eine Stunde »Politesse«, was man mit Anstandsunterricht übersetzen könnte, denn hier lernten wir, wie man sich korrekt zu benehmen hatte. So schärfte man uns beispielsweise ein, nicht essend über die Straße zu gehen und den Handschuh auszuziehen, ehe man jemandem die Hand reichte. Wir lernten, dass man im Bus oder in der Bahn aufstand, wenn ein älterer Mensch kam, und ihm den eigenen Platz anbot, und dass man beim Betreten eines Zimmers oder eines Hauses älteren Personen den Vortritt lassen sollte. Das alles und vieles andere mehr ist einem so in Fleisch und Blut übergegangen, dass man es heute noch macht, ohne darüber groß nachzudenken.

Nach diesen morgendlichen Übungen gingen wir ins Lyzeum, das von den meisten als Vorbereitung aufs Lehrerinnenseminar betrachtet wurde – so auch von mir. Außer Deutsch und Französisch, was wir schon in der Grundschule lernten, kam jetzt noch Englisch hinzu. Ferner entschied ich mich für Musik und erhielt Klavierunterricht, dem ich jedoch nicht viel abgewinnen konnte. Zeichnen und Malen gefielen mir da schon besser, und ich betreibe beides noch heute als Hobby. Größter Wert wurde auf den Handarbeitsunterricht gelegt, in dem wir alles eben Denkbare lernten: Sticken, Stricken, Häkeln, Knopflöcher machen, Knöpfe annähen, Flicken einsetzen, Strümpfe stopfen und so weiter.

Wir lernten im Pensionat und im Lyzeum also eine Menge Nützliches fürs Leben, aber von Aufklärung keine Spur. Weder von den Schwestern noch von den Lehrerinnen sind wir in irgendeiner Weise über die Geheimnisse des Lebens in Kenntnis gesetzt worden. Auch meine Mutter hatte das versäumt, obwohl sich einmal kurz vor meiner Abreise ins Pensionat eine gute Gelegenheit geboten hätte.

Eines Tages beobachtete ich, wie sie eigenartige Wäschestücke bügelte, die ich bis dahin noch nie gesehen hatte. Sie waren weiß, länglich und in der Mitte aufgepolstert. Gegen die Enden hin wurden sie flacher und schmaler und waren mit je einem Knopfloch versehen. Interessiert wollte ich wissen: »Mama, was ist das?« Einen Moment stutze sie. Dann antwortete sie seelenruhig: »Ach, das sind Lappen, um die heißen Töpfe anzufassen.« Mit dieser Auskunft gab ich mich zufrieden.

Nachdem ich einige Zeit im Pensionat war, entdeckte ich eines Morgens Blut in meiner Unterhose. Ahnungslos, wie ich war, erschrak ich beinahe zu Tode und vertraute mich in meiner Not einer älteren

Mitbewohnerin an, die sich immer ein bisschen um uns Kleine kümmerte. Mit meinem Problem zu einer Schwester zu gehen, hätte ich mich nicht getraut. »Du, Marie«, druckste ich herum, weil ich nicht wusste, wie ich beginnen sollte. »Ich glaube – ich befürchte, dass ich mich gestern beim Turnen verletzt habe.«

»Wieso glaubst du das?«, fragte sie erstaunt. »Das müsstest du doch eigentlich genau wissen.«

»In meiner Hose ist Blut«, antwortete ich verschämt.

»Ach, das ist nichts Schlimmes«, beruhigte sie mich. »Das wird jetzt jeden Monat kommen. Bei einem Mädchen ist das ganz normal.«

Mehr konnte sie mir zu diesem Thema auch nicht sagen, weil sie offenbar außer der Tatsache selbst ebenfalls nicht mehr wusste. Sie empfahl mir noch, da ich keinen entsprechenden Wäscheschutz besaß, einfach benutzte Unterwäsche als Einlage zu benutzen. Zwar wusch ich die Sachen notdürftig aus, bevor ich sie mit der restlichen Wäsche nach Hause zum Waschen schickte, doch als das Paket zurückkam, fand ich darin einen ganzen Packen von den mysteriösen weißen »Topflappen«. Obwohl die Mutter mir diese ohne jeglichen Kommentar geschickt hatte, war mir klar, welche Funktion sie hatten. Ein Gürtel aus Gummiband, an den man die Binden vorne und hinten anknöpfte, lag ebenfalls bei.

In diesem Moment habe ich mir geschworen: Wenn

ich einmal eine Tochter bekomme, dann lasse ich die nicht so dumm durch die Welt stolpern. Die wird rechtzeitig aufgeklärt! Daran habe ich mich gehalten und meiner Tochter das Wesentliche erklärt, noch ehe sie zur Schule kam.

Zu meiner Zeit erfolgte die Aufklärung, wenn man Glück hatte, durch eine informierte Freundin. In meiner Klasse gab es eine Mitschülerin mit Namen Claudine, die eine wesentlich ältere und bereits verheiratete Schwester hatte. Eines Tages berichtete sie in der Pause voller Stolz, dass sie Tante geworden sei, ihre Schwester habe ein Kind bekommen. Damit war meine Neugier geweckt.

»Weißt du, wie das geht?«, wollte ich wissen. Bevor wir zum Unterricht zurück mussten, erklärte mir Claudine in zwei, drei Sätzen, dass Kinder geboren werden und nicht vom Himmel fallen, mehr nicht. Das muss eine Schwester, die mit leisen Sohlen hinter uns getreten war, gehört haben, denn am Abend wurde ich zur Oberin bestellt, die mir vorwarf, ich hätte unkeusche Gespräche geführt, und mich ermahnte, so etwas in Zukunft zu unterlassen. Das war meine Aufklärung!

Im ersten Jahr meiner Internatszeit schlief ich gemeinsam mit elf anderen Mädchen in einem Schlafsaal, in dem alle Betten durch Vorhänge voneinander abgetrennt waren. In diesem Verschlag musste man sich auch an- und ausziehen, und bevor die Schwester abends das Licht löschte, zog sie an jedem Bett den Vorhang etwas zur Seite, um zu kontrollieren, ob jede im eigenen Bett lag. Damals habe ich mir nichts dabei gedacht, aber heute denke ich, man hatte Angst vor sexuellen Spielen. Dabei dachte an so etwas bestimmt keine von uns – wir wussten nicht einmal, dass es so etwas überhaupt gab.

Am 10. Mai 1940 fing für uns mit dem Einmarsch der deutschen Wehrmacht in Frankreich und den Benelux-Ländern der Krieg an. Wenig später wurde unser Pensionat aufgelöst, und in die Gebäude zog jetzt die Lehrerbildungsanstalt ein. Wir mussten unseren Eltern mitteilen, dass sie uns abholen sollten.

Wieder zu Hause, stand ich vor dem Problem, meine Schulausbildung anderswo fortsetzen zu müssen. Der Familienrat entschied sich für die Stadt Luxemburg, wo man eigens ein Haus anmietete, in dem meine Großmutter mit meinem Bruder und mir wohnen sollte, damit uns die tägliche Zugfahrt erspart blieb.

Ich besuchte das Lyzeum der »Heiligen Familie« und machte meinen Schulabschluss, doch den Gedanken, Lehrerin zu werden, hatte ich angesichts der unsicheren Zeiten aufgegeben, denn immerhin war Luxemburg jetzt ein besetztes Land, in dem nationalsozialistische Gesetze und Verordnungen galten. Auch galt für mich die Pflicht, mich nach der Schule zum Arbeitsdienst zu melden, doch angestrengt suchten wir nach einer Möglichkeit, dies zu vermeiden, und fanden wirklich eine Firma, die kriegswichtiges Material herstellte und bereit war, mich für Büroarbeiten einzustellen. Dort konnte ich unbehelligt während des ganzen Krieges bleiben und musste nicht zum Arbeitsdienst.

Außer beruflichen Plänen hatte ich auch noch ein Privatleben. Die Rede ist von André, einem gut aussehenden jungen Mann, der die Herzen einiger meiner Freundinnen höher schlagen ließ.

Wir kannten ihn schon seit unserer Kinderzeit, denn André war der Cousin meiner Freundin Claire und verbrachte viele Jahre seine Ferien in unserem Ort. Er war einige Jahre älter als wir und machte auf mich den Eindruck, als sei er hochnäsig. Wenn er im Haus von Claires Eltern war, mochte ich die Freundin gar nicht besuchen. Das änderte sich auch nicht, als ich bereits im Pensionat lebte und nur in den Ferien heimkam.

Ganz anders Alice, eine andere Freundin – sie hatte irgendwann ein Auge auf den jungen Mann geworfen, der mittlerweile eine Lehrerausbildung absolvierte, und wurde immer ganz nervös, wenn sie wusste, dass er wieder im Anmarsch war.

»Der André kommt! Der André kommt!«, rief sie schon von Weitem, wenn sie mich sah. »Komm, wir gehen zu Claire.«

›Ach, was geht mich der eingebildete Kerl an‹, dachte ich. ›Mit dem will ich nichts zu tun haben‹. Ich tischte Alice eine Ausrede auf und ließ sie allein hingehen. Sollte sie doch mit ihm glücklich werden.

Das ging so bis zum Frühjahr 1942, als mich Anne, eine Freundin aus meiner Pensionatszeit, nach Ettelbrück zur Kirmes einlud. Ihre Eltern besaßen am Ort ein Hotel mit Café, in dem unter anderem die Studenten der Lehrerbildungsanstalt ein- und ausgingen. Anne holte mich am Bahnhof ab, und als wir zu ihrem Elterhaus gingen, begegneten uns unterwegs vier junge Männer. Beim Näherkommen sah ich, dass einer von ihnen jener André war, doch anscheinend erkannte er mich nicht, denn inzwischen war ich eine junge Dame geworden.

Anne, der die jungen Männer bekannt waren, stellte uns einander vor und erklärte mir dann, es seien Absolventen der Lehrerbildungsanstalt, die gestern Abend im Lokal ihrer Eltern ihr bestandenes Examen gefeiert hätten. André kenne sie schon länger, fügte sie hinzu. Der sei vorher bereits bei ihnen eingekehrt, um ein Bier oder einen Kaffee zu trinken. Die Art, wie sie von ihm sprach, verriet mir ebenso wie ihre strahlenden Augen, dass er ihr nicht gleichgültig war.

Ich blieb zwei Tage bei Anne, und da wir uns so gut verstanden hatten, verabredeten wir für den Sommer eine einwöchige Radtour entlang der Mosel. Wir starteten in Bad Mondorf und radelten in Richtung

Norden bis Wasserbillig, wo wir dem Lauf der Sauer folgten. Als wir nicht mehr weit von Beaufort entfernt waren, fiel mir mein Großonkel ein, der dort Lehrer war. Es schien mir eine gute Idee, dort zu übernachten. Als ich bei ihm anrief, war die Tante am Apparat und sofort einverstanden.

»Ich bringe aber noch eine Freundin mit«, fügte ich hinzu.

»Ach!«, rief die Tante erfreut aus. »Bringst du deinen Verliebten mit?«

»Nein, nein«, wehrte ich entschieden ab. »Es ist eine Freundin aus meiner Pensionatszeit, mit der ich eine Radtour an der Mosel entlang gemacht habe.« Es schien mir, als sei die Tante nicht völlig überzeugt von meiner Aussage.

Wir radelten weiter in Richtung Dillingen. Schon aus der Ferne sahen wir am Ortseingang zwei Personen, eine Frau und einen Mann, die sich an einem Fahrrad zu schaffen machten. Als wir näher kamen, rief meine Freundin erfreut aus: »Da ist ja der André! Du, das ist er!«

»Ach ja«, antwortete ich desinteressiert und fuhr an den beiden Personen vorbei, während Anne anhielt. Erst als sie keine Anstalten machte, zu mir zu kommen, machte ich kehrt und radelte zu der Dreiergruppe hin. Ich erfuhr, dass André hier im Ort seine erste Anstellung gefunden hatte und gerade der Mutter eines Schülers bei einer Fahrradpanne half.

Deshalb konnte er mir – zu seinem Bedauern, wie er sagte – nicht die Hand geben. Nun war er neugierig, wohin wir beiden Mädchen unterwegs waren.

»Zu meinem Onkel nach Beaufort«, sagte ich und nannte dessen Namen. »Ach, zum Onkel nach Beaufort!«, wiederholte André gedehnt. »Dann fahre ich gleich mit. Der ist doch ein Kollege von mir, und ich habe ohnehin etwas mit ihm zu besprechen.«

Gesagt, getan – zu dritt fuhren wir also in Richtung Beaufort weiter. Als es einmal einen steilen Berg hinaufging, spürte ich im Rücken eine Hand, die mich schob, und merkwürdigerweise fand ich das durchaus nicht unangenehm. Als wir am Haus des Onkels ankamen, wartete die Tante schon an der Tür und rief mit süffisantem Gesichtsausdruck: »Jetzt hast du ihn ja doch mitgebracht, deinen Verliebten!«

Mir war die Geschichte furchtbar peinlich, und erschrocken wehrte ich ab: »Nein, Tante, der ist uns erst in Dillingen gewissermaßen zugelaufen.« Sie ließ es damit bewenden und setzte uns erst einmal einen Berg frisch gebackener Waffeln mit gezuckertem Johannisbeerpüree vor. Während wir uns das Gebäck schmecken ließen, erzählte André einen Witz oder eine lustige Geschichte nach der anderen. Ich glaube, er hat in seinem ganzen Leben nicht mehr so viel geredet wie an diesem Abend.

Es wurde sehr spät, bis er sich endlich verabschiedete, während Anne und ich im Haus des Onkels übernachteten, um am nächsten Morgen mit der Bahn heimzufahren. Plötzlich aber wollte meine Freundin unbedingt noch bleiben. Mit allen Mitteln versuchte sie mich zu überreden: »Lass uns doch noch einen Tag bleiben, dann können wir den André besuchen. Der wird staunen!«

»Nein«, lehnte ich ab. »Das geht auf keinen Fall. Ich muss heute nach Hause. Meine Eltern brauchen mich bei der Heuernte. Ich habe ihnen versprochen, dass ich rechtzeitig zurück bin. Wenn du willst, kannst du ja hier bleiben. Meine Tante hat bestimmt nichts dagegen.«

Aber allein dableiben wollte sie auch nicht, und so fuhr sie widerstrebend mit mir zurück.

Wenige Wochen später war Kirmes in der Hauptstadt. Da man sich solche Vergnügungen nach Möglichkeit nicht entgehen ließ, fuhr ich hin und beschloss, ein paar Tage bei meiner Großmutter zu bleiben. Ich fiel fast aus allen Wolken, als ich dort einen Anruf von André erhielt.

»Ja«, stotterte ich. »Woher weißt du denn meine Telefonnummer?«

»Die habe ich von der Anne.« Das wunderte mich ungemein, denn meine Freundin hatte doch ganz eindeutig selbst Interesse gezeigt. Bevor ich jedoch weiter darüber nachdenken konnte, bat er mich um ein Rendezvous! Nachdem ich mich vom ersten Schreck erholt hatte, antwortete ich spontan: »Ja, treffen wir uns auf dem Limpertsberg, bei der Uhr an der Tramhalle.«

Pünktlich stand ich am vereinbarten Platz. Wer nicht erschien, war André. Ein paar Minuten wartete ich noch, dann sagte ich trotzig zu mir: »Nee, mit mir machst du das nicht!« Ich war ziemlich verstimmt und fühlte mich in meiner früheren schlechten Meinung über diesen Burschen bestätigt.

Schnurstracks machte ich kehrt und beschloss, für meine Großmutter, die abends jede Menge Kirmesgäste zu bewirten hatte, noch ein paar Besorgungen zu machen. Wenn schon mein Rendezvous ausfiel, konnte ich mich auch nützlich machen.

In der Zwischenzeit war André zum Haus meiner Großmutter gegangen, hatte sie jedoch nicht angetroffen. Nur eine Freundin war dort gewesen. Als sie hörte, dass er nach mir suchte, bot sie ihm an, auf mich in der Wohnung zu warten, was André jedoch ablehnte. Dummerweise ging er also wieder, ohne eine Nachricht für mich zu hinterlassen. Das alles erfuhr ich jedoch erst später, und so konnte an diesem Abend nichts meinen Ärger über den unzuverlässigen Verehrer besänftigen.

Am nächsten Tag kam meine Freundin Anne, um mit uns die Kirmes zu feiern, dazu noch einige Bekannte der Großmutter, denn bei ihr war immer »Haus der offenen Tür«. Annes erste Frage galt André.

Entsetzt antwortete ich: »Sprich mir nicht von dem! Der hat mich gestern versetzt.«

»Dann ruf ihn doch an und frag, was los war«, empfahl sie mir.

»Nicht mit mir«, sagte ich entschieden. »Wenn du es unbedingt wissen willst, kannst du ihn ja anrufen.«

Das tat sie dann tatsächlich. Was sie mit ihm besprach, erfuhr ich nicht, doch wenige Stunden später stand er plötzlich vor der Tür. Schnell stellte sich heraus, was am Vortag schiefgelaufen war. André hatte unten am Limpertsberg bei einer Uhr gewartet und ich oben bei einer anderen. Nachdem das geklärt war, beschlossen wir, gemeinsam die Schobermesse zu besuchen.

Woher dieser Name stammt, weiß ich bis heute nicht. Mir ist lediglich bekannt, dass Johann der Blinde, ein Mitglied des Luxemburger Herrscherhauses, der später König von Böhmen wurde, die Schobermesse eingeführt haben soll. Wir blieben sehr lange dort und hatten viel Spaß, bis wir gegen Mitternacht plötzlich Feuerwehrsirenen hörten, die den Lärm der Messe übertönten. Dann sahen wir auch schon die Feuerwehrautos an uns vorbeisausen.

Neugierig ließen wir uns in der Menge mitschieben, um zu sehen, was passiert war. Damit ich in dem Gedränge nicht verlorenging, fasste André mich bei der Hand. Bald rochen wir beißenden Rauch und sahen wenig später das Feuer, das den Nachthimmel erleuchtete. Eine Nudelfabrik stand in hellen Flammen. Während wir so dastanden und das brennende Schauspiel betrachteten, brannte es auch zwischen uns – der Funke war endlich übergesprungen.

An eine gemeinsame Zukunft dachten wir allerdings noch nicht, denn wir waren noch mitten im Krieg, und während er zum Arbeitsdienst eingezogen wurde, musste ich auf meiner kriegswichtigen Stelle ausharren. Sooft es ging, trafen wir uns jedoch, mal zu zweit und mal mit Freunden.

Dabei stellte ich fest, dass André ziemlich eifersüchtig werden konnte. Grund dafür war sein eigener Cousin Jean, den ich ebenfalls schon lange kannte und mit dem ich mich gut verstand. Wir beide waren nämlich immer zu Streichen aufgelegt, was André jedoch irgendwie in den falschen Hals bekam und glaubte, dass mehr dahintersteckte. Als ich dann eines Tages auch noch aus Versehen zu ihm »Jeandré« sagte, packte er mich zornig bei den Oberarmen und zischte: »Jetzt ist Schluss mit Jean, du gehörst zu mir!« Von da an betrachtete ich mich als verlobt.

Als ich meinen Auserwählten kurz darauf meinem Vater präsentierte, zeigte dieser nicht die geringste Begeisterung, denn er hatte bereits einen anderen Kandidaten im Auge. Hilfe suchend wandte er sich an meine Großmutter: »Kannst du mir vielleicht einen Rat geben, wie ich das Mädchen zur Räson bringen soll? Ich habe da jemanden, der wäre eine viel bessere Partie.«

Bei der Großmutter kam er allerdings an die falsche Adresse. Sie kanzelte ihn einfach ab: »Was willst du denn? Als du meine Tochter geheiratet hast, hast du mich nicht gefragt. Jetzt brauchst du mich auch nicht zu fragen. Außerdem muss er nicht dir gefallen, sondern ihr.« Damit war die Sache erledigt.

Als der Krieg vorbei war, konnten wir endlich ans Heiraten denken und legten einen Termin für August fest, aber in der entbehrungsreichen Nachkriegszeit war es nicht einfach, eine schöne Hochzeit auszurichten, denn all die vielen Leute wollten bewirtet werden.

Was die Lebensmittel anging, so bezogen wir diese aus unserer Landwirtschaft, aber ein Riesenproblem stellte die Beschaffung von Wein dar, denn schließlich musste der neue Ehestand ja gebührend begossen werden. Zum Glück erinnerte sich André an einen Kollegen, dessen Familie einen Winzerbetrieb besaß. Da musste sich doch etwas machen lassen! Gesagt, getan – die beiden Männer fuhren zu dem Familienunternehmen und kehrten mit Unmengen von Wein zurück. Was er alles dafür eingetauscht hatte, blieb allerdings sein Geheimnis.

Jetzt stand also einer zünftigen Hochzeit nichts mehr im Wege, und wir luden alle ein – die Verwandten, die Nachbarn, die Freunde und natürlich alle meine Freundinnen, die es mir zum Glück nicht nachtrugen, dass ich ihnen André weggeschnappt hatte. Wir feierten, wie es Brauch war, zwei volle Tage.

Neben der Beschaffung von Lebensmitteln und Wein war das Brautkleid mein Hauptproblem gewesen, denn es war weder Stoff noch ein fertiges Kleid aufzutreiben gewesen. Zum Glück sprang in dieser Situation die Frau meines Onkels, des Bäckers, ein und bot mir ihr Kleid samt Kranz und Schleier an. Da sie erst 1939 geheiratet hatte, war das Kleid noch nicht aus der Mode und passte zudem, als wäre es extra für mich geschneidert worden. Ähnlich erging es uns mit dem Anzug für den Bräutigam. Überall hörten wir uns um, bis uns endlich durch Bekannte von Bekannten ein getragener Hochzeitsanzug angeboten wurde. Der war meinem André zwar zu weit und zu lang, doch ein geschickter Schneider leistete ganze Arbeit, und wir konnten uns den versammelten Gästen als hübsches Brautpaar präsentieren. Als die Tante aus Beaufort mich sah, flüsterte sie mir verschmitzt zu: »Siehst du, ich habe recht behalten. Als du uns damals besucht hast, hattest du doch deinen Verliebten dabei.« »Ja, Tante«, lachte ich. »Du hast eben hellseherische Fähigkeiten.«

Inzwischen bin ich mit André seit über sechzig Jahren verheiratet. Und was hat er wohl am Tag unserer Diamantenen Hochzeit getragen? Den Anzug von 1945! Er ist eben ein bisschen nostalgisch veranlagt, mein Mann. Und er trug ihn zum Zeichen, dass man in einem gebrauchten und geänderten Anzug durchaus glücklich werden kann. Oder war auch ein bisschen Eitelkeit im Spiel, dass er noch in seinen Hochzeitsanzug von anno dazumal passte?

Jung gefreit …

Hermine, Jahrgang 1919, aus K. bei Homburg

Als ich geboren wurde, waren meine älteren Schwestern bereits zehn und zwölf Jahre alt. Jeder hatte geglaubt, mein Vater würde diesmal dringend einen Sohn erwarten, einen Stammhalter, wie man das damals nannte. Aber der Vater freute sich im Gegenteil, dass er jetzt sein Dreimädelhaus komplett hatte.

Vielleicht weil der Altersunterschied ziemlich groß war, beschäftigte er sich mit mir mehr, als er das je mit seinen beiden anderen Töchtern getan hatte, und ließ bei mir so manches durchgehen. Meine Schwestern reagierten zum Glück nicht mit Eifersucht, sondern betrachteten mich kleinen Nachkömmling mehr als lebendiges Spielzeug und nicht als Konkurrenz. So genoss ich uneingeschränkt die Liebe meiner ganzen Familie und hatte damit einen guten Start ins Leben.

Der Vater verwöhnte mich für seine Verhältnisse nach Strich und Faden und brachte mir immer etwas mit, wenn er in die Stadt fuhr. Meine Mutter schalt ihn manchmal deswegen: »Vater, du verwöhnst das Kind zu sehr. Wo soll das nur hinführen?« »Ach, lass gut sein, Mutter«, beschwichtigte er sie dann. »Sie ist doch unser Nesthäkchen, das darf man ruhig ein bisschen verwöhnen.«

Mein Vater war Bergmann und arbeitete in einer Kohlengrube bei Neunkirchen. Er musste immer früh aus dem Haus und kam immer spät heim, weil sein Weg zur Arbeit lang war, denn erst in Homburg konnte er in den Zug steigen, bis dorthin aber musste er sechs Kilometer zu Fuß gehen, und das zweimal am Tag. Wie fast alle Bergleute betrieben wir nebenbei eine kleine Landwirtschaft mit ein paar Tieren und einem Feld, auf dem nur für den Eigenbedarf angebaut wurde.

Die Tiere waren der Aufgabenbereich meiner Mutter. Morgens, noch ehe ich mich auf den Schulweg machte, huschte ich zu ihr in den Stall und bekam eine große Tasse kuhwarmer Milch, die herrlich schmeckte. Das war mein ganzes Frühstück.

Als ich neun oder zehn war, haben wir die Kühe hergegeben und nur noch zwei Ziegen gehalten, Bergmannskühe sagte man damals. Außerdem hatten wir zwei Schweine im Stall, von denen eines verkauft, das andere geschlachtet wurde. Das Geld vom Verkauf der Schweine hat die Mutter beiseitegelegt, um ihren drei Töchtern später eine Aussteuer kaufen zu können.

Nachdem meine Schwestern früh geheiratet hatten und aus dem Haus waren, bin ich wie ein Einzelkind behandelt und noch mehr verwöhnt worden. Wenn es sonntags einmal Rindfleisch gab, das ich besonders gerne aß, schnitt mein Vater immer von seiner Portion ein Stück ab und schob es auf meinen Teller. »Musst du das Kind so verwöhnen?«, schimpfte meine Mutter dann wieder. »Ach, lass mich doch. Es ist doch unser Nesthäkchen«, gab er wie gewohnt zurück.

Weil ich zu Hause allein war, ging ich gerne zur Schule und genoss das Zusammensein mit vielen gleichaltrigen Kindern. Als ich in die dritte Klasse aufrückte, bekamen wir einen neuen Lehrer, und das war mein Schwager, der Mann meiner ältesten Schwester. Trotz der verwandtschaftlichen Beziehungen erfuhr ich jedoch keine Sonderbehandlung, im Gegenteil. Ich war irgendwie der Meinung, dass ich mich besonders gut benehmen müsste, um meiner Familie keine Schande zu machen.

In der dritten Klasse ging ich auch zur Erstkommunion und trug als einziges Mädchen ein kurzes Kleid, das nicht einmal bis zum Knie reichte. Dieses Kleid war damals etwas Besonderes und ein Zeichen für große Fortschrittlichkeit, denn das konnte nur tragen, wer bereits Trikotunterhosen besaß, die kurz und eng anliegend waren. Die altmodischen Spitzenhosen aus gewebtem Stoff dagegen, die zumeist noch verwendet wurden, reichten bis zum Knie und verlangten zwingend ein langes Kleid.

Die Schulpflicht betrug damals in der Pfalz sieben Jahre, während es im benachbarten Saarland acht waren. Die Region, in der ich lebte, hatte abwechselnd mal zur Pfalz, mal zum Saarland gehört. Ich jedenfalls kam nach sieben Jahren aus der Schule, genau an meinem dreizehnten Geburtstag, und begann eine Lehre bei einer Schneiderin in Homburg, die außer mir noch zwei weitere Lehrmädchen und eine Gesellin hatte. Weil man offiziell erst ab vierzehn eine Lehre beginnen durfte, zählte das erste Lehrjahr eigentlich nicht, aber meine Eltern waren der Meinung, es sei besser, mich dort nützlich zu machen, als untätig zu Hause herumzuhängen.

Jetzt musste auch ich jeden Morgen die sechs Kilometer nach Homburg laufen. Auf dem Hinweg begleitete mich meine Freundin Gertrud, die das Lyzeum besuchte. Während sie jedoch schon am frühen Nachmittag den Heimweg antreten konnte, wurde es bei mir ziemlich spät, und im Herbst und Winter war es meist stockdunkel, wenn ich über die unbeleuchtete Landstraße nach Hause eilte.

Eine Weile holte mich deshalb mein Vater ab, wann immer sein Dienst es zuließ, doch bald hatte ich einen anderen Begleiter gefunden – einen jungen Mann namens Georg. Zwar kannte ich ihn schon lange, wie halt auf dem Dorf jeder jeden kennt, doch da er sieben Jahre älter war als ich, hatten wir bisher keine Berührungspunkte gehabt. Eines Abends nun war ich in der Turnhalle zu einer Stunde des BDM gewesen, des nationalsozialistischen Bunds deutscher Mädchen, dem sich jeder anschließen musste, der keine Schwierigkeiten im Beruf bekommen wollte.

Als das Treffen zu Ende war, regnete es furchtbar. Während ich zum Glück einen Schirm dabeihatte, stand Georg, der zur selben Zeit beim Geräteturnen gewesen war, unschlüssig unter der Tür und wusste nicht, ob er gehen oder bleiben sollte. Dankend nahm er mein Angebot an, meinen Schirm mit ihm zu teilen, und als wir unterwegs über dieses und jenes sprachen, auch über meine Angst vor dem dunklen Heimweg, bot er mir an, mich künftig abends abzuholen und zu begleiten.

Während der Vater sehr erleichtert über diese Lösung war, äußerte die Mutter eher besorgt: »Ich finde das gar nicht gut, dass das Mädchen jeden Abend von dem jungen Mann heimbegleitet wird. Wie leicht kann da was passieren.«

»Ach, reg dich nicht auf«, begütigte mein Vater sie. »Der Georg ist ein anständiger Kerl. Der weiß, was sich gehört.«

Nachdem wir uns einige Monate kannten, lud mich Georg zum Kirmestanz im Nachbardorf ein. Ich war noch nie bei einer solchen Veranstaltung gewesen, weil ich noch zu jung war, aber er wischte meine Einwände einfach beiseite: »Ach, was. Ich nehme dich einfach mit. Was soll schon groß passieren?«

Doch wir hatten Pech. Nachdem wir zunächst ausgelassen getanzt hatten, setzte mit einem Mal die Musik aus, und der Gemeindediener betrat den Saal, zückte seinen Block und einen Stift, ging von Mädchen zu Mädchen und schrieb die Personalien auf – wer noch nicht sechzehn war, musste ein Bußgeld zahlen. Nun saß ich in der Falle – eine Flucht war unmöglich, denn die Türen des Saales waren sofort verschlossen worden.

Georg und ich waren uns einig, dass meine Eltern unter keinen Umständen von diesem Vorfall erfahren durften, und so ging mein treuer Freund gleich am Montagmorgen aufs Amt und zahlte die zwei Mark Buße, was für ihn, der gerade arbeitslos war, eine Menge Geld bedeutete.

Trotzdem war die Sache damit nicht aus der Welt. Auf welchem Weg meine Eltern davon erfuhren, weiß ich nicht, jedenfalls sprachen sie mich bald auf den Vorfall an. Ich zog den Kopf ein und erwartete ein großes Donnerwetter, aber sie lachten bloß und meinten: »Hauptsache, du hast deinen Spaß gehabt.«

Als ich im Jahr darauf sechzehn und damit alt genug war, in die Gasthäuser und zum Tanzen zu gehen, ließen wir keine Veranstaltung aus und kamen uns so immer näher. Und so blieb es nicht aus, dass eines Tages doch etwas passierte und ich mit Erschrecken feststellte, dass ich schwanger war. Wir überlegten lange, wie wir es meinen Eltern beibringen sollten, und wagten schließlich den Schritt nach vorn.

Wir traten vor meinen Vater und erklärten ihm, sobald wie möglich heiraten zu wollen. Zu unserer Verwunderung wirkte er weder überrascht noch verärgert, sondern schaute uns mit verschmitztem Lächeln an und erklärte: »Das habe ich kommen sehen. Die Hermine ist ja noch ein bisschen jung, aber du, Georg, machst einen durchaus vernünftigen Eindruck. Und jetzt, wo du Arbeit hast, wirst du ja eine Familie ernähren können.«

Erleichtert atmeten wir auf, doch dann fuhr mein Vater fort: »Allerdings habe ich eine Bedingung für meine Erlaubnis zu dieser Heirat.« Vor Schreck hielten wir den Atem an. Was konnte das für eine Bedingung sein? »Wenn ihr schon so früh heiratet, dann bestehe ich darauf, dass ihr bei uns in die obere Etage zieht, denn ich will mich noch nicht von meinem Nesthäkchen trennen.«

Uns fiel ein Stein vom Herzen, dass dies seine einzige Bedingung war! Außerdem würde sein Angebot für uns das Problem mit der Wohnungssuche lösen. Meine Mutter allerdings reagierte zunächst weniger gelassen, schlug entsetzt die Hände zusammen und schimpfte: »Jetzt habe ich also doch recht behalten mit meiner Befürchtung. Das konnte ja nicht lange gutgehen. Willst heiraten und bist selbst noch ein halbes Kind.« Sie beruhigte sich zum Glück bald und stürzte sich in die Hochzeitsvorbereitungen.

Es wurde ein schönes Fest. Meine Schwestern waren da mit ihren Familien, ebenso meine Schwiegereltern und die sieben Geschwister von Georg mit Anhang sowie jede Menge Onkel und Tanten von beiden Seiten. Eine ledige Schwester meiner Mutter, die stets bei allen Festen kochte, ließ es sich nicht nehmen, für uns das Hochzeitsmahl zuzubereiten, zu dessen Hauptgang es natürlich Rindfleisch gab. Diesmal war meine Portion so groß, dass mein Vater mir nichts zuschieben musste.

Das war 1936. Inzwischen haben wir nicht nur unsere Goldene, unsere Diamantene und unsere Eiserne Hochzeit gefeiert, sondern vor ein paar Wochen auch die Gnadenhochzeit. Sogar der Landrat erschien zum Gratulieren und sagte in seiner Ansprache: »Es ist schon eine große Seltenheit, dass ein Paar überhaupt die Gnadenhochzeit erlebt. Dass Ur-Uroma und Ur-Uropa dabei aber auch noch so rüstig sind, ist eine große Gnade. Deshalb trägt bei euch die Gnadenhochzeit ihren Namen zu Recht.«

Davon sind wir beide ebenfalls überzeugt. Wenn viele das auch anders sehen, bei uns hat sich das Sprichwort bewahrheitet: Jung gefreit, hat nie gereut.

Die Eselshochzeit

Margarethe, Jahrgang 1913, aus Limbach

Mein Vater war gerade sieben, als ein schwerer Schicksalsschlag die Familie traf. Seine Mutter starb bei der Geburt des achten Kindes, und mein Großvater stand hilflos mit einem Neugeborenen und sieben Kindern zwischen zwei und elf Jahren da. Wie sollte er für so viele Kinder eine neue Mutter finden?

In dieser Situation wuchs die Schwester der Verstorbenen über sich hinaus. Sie bewirtschaftete gemeinsam mit einem unverheirateten Bruder den elterlichen Hof, doch trotz der vielen Arbeit und obwohl sie erst einundzwanzig Jahre alt war, bot sie sich an, die fünf Jüngsten zu sich zu nehmen und für sie zu sorgen.

Die drei »Großen«, von denen mein Vater der Jüngste war, blieben bei ihrem Vater, der Waldarbeiter war. Da sie bereits zur Schule gingen, kamen sie im Alltag ganz gut zurecht, denn sie konnten sich mittags ihre bescheidene Mahlzeit selbst zubereiten. Ein halbes Jahr lief alles ganz gut, bis mein Großvater beim Holzfällen einen Unfall erlitt.

Anfangs sah die Verletzung gar nicht dramatisch aus, doch dann infizierte sich die Wunde, und er starb schließlich an einer Blutvergiftung. Nun holte die tapfere junge Tante auch die restlichen Kinder ins Haus, und anstatt an eine eigene Familie zu denken, opferte sie sich auf, acht verwaiste Neffen und Nichten aufzuziehen. Dass damit die Heiratsaussichten für sie auf null gesunken waren, nahm sie in Kauf.

Als vier der Kinder aus dem Haus und verheiratet waren, übergab sie den Hof an meinen Vater, weil er das größte Interesse an der Landwirtschaft gezeigt hatte. Drei seiner Geschwister, die nicht die Möglichkeit gehabt hatten, einen Beruf zu erlernen oder irgendwo einzuheiraten, blieben auf dem Hof und halfen weiterhin mit.

Für meine Mutter war es zunächst nicht einfach, sich in eine so fest gefügte Familienstruktur einzufügen, doch mit der Zeit eroberte sie sich ihren Platz in dieser Großfamilie, denn im Laufe der Zeit brachten meine Eltern es ebenfalls auf die stattliche Zahl von acht Kindern, von denen ich das zweite war.

In einem Haushalt mit so vielen Personen und einem landwirtschaftlichen Betrieb musste alles straff organisiert sein, sonst lief der Laden nicht. Meine Großtante hatte in der Küche das Regiment, meine Mutter war für die Hausarbeiten und den Stall zuständig, mein Vater für die Feldarbeit. Wir anderen bekamen von diesen drei Personen, die das Sagen hatten, unsere Aufgaben zugewiesen. Jeder hatte seine festen Pflichten, ausgenommen eine Schwester meines Vaters, die körperlich und geistig zurückgeblieben war. Wir anderen gewöhnten uns daran, schon früh überall anzupacken.

Daneben gingen wir natürlich zur Schule, die auch nicht vernachlässigt werden durfte. Der Weg dorthin war weit, mindestens eine halbe Stunde Fußmarsch – im Winter, wenn alles tief verschneit war, sogar mehr. Manchmal mussten wir uns, bis zu den Hüften im Schnee steckend, nach Hause durchkämpfen. Heute würde man uns durchnässte und durchfrorene Jammergestalten bedauern, damals nicht – da ging man gleich zur Tagesordnung über und zu den Pflichten, die in Haus und Stall auf einen warteten.

Von Zeit zu Zeit wurden die Schulkinder zu einer besonderen Arbeit herangezogen. Wenn nämlich die Dorfstraße neu geschottert werden musste, wurden wir auf die Felder geschickt, um dort die Steine aufzusammeln, denn das brachte doppelten Nutzen: Erstens hatte man kostenloses Schottermaterial für die Wege, zweitens verbesserte sich die Qualität der Felder durch das Wegräumen der Steine.

Als ich zehn war, wurden in unser Dorf elektrische Leitungen gelegt, was einen großen Fortschritt bedeutete, denn bislang hatten wir nur mit Kerzen und Laternen hantiert. Weil die Installation der Leitungen jedoch teuer war, sparte man mit jedem Meter und verzichtete auf elektrisches Licht in Nebenräumen, im Keller oder auf dem Speicher, obwohl es dort besonders dunkel war. »Ihr wisst ja, wo alles liegt«, hieß es. In dem stockdunklen Keller tastete man sich vor bis zu den Kartoffeln, füllte den Korb und tastete sich wieder nach oben. Auf dem Speicher desgleichen: Man suchte blind den Hafer für die Pferde, füllte den Eimer und stieg vorsichtig wieder nach unten.

Als die Arbeiter begannen, Masten zu setzen, Außenleitungen zu legen und das Elektrohäuschen zu bauen, wurden in jedem Haus vom Elektrizitätswerk zwei Kostgänger einquartiert. Sie blieben etwa eine Woche, bis sie ins nächste Dorf weiterzogen. Doch auch die Männer unseres Dorfes wurden zu verschiedenen Arbeiten herangezogen. Mein Vater musste zum Beispiel mit seinem Pferdefuhrwerk Steine und Sand heranकरren, die man zum Bau des Transformatorenhauses brauchte.

Obwohl er seine Arbeiten pünktlich und gewissenhaft erledigte, ließ die versprochene Bezahlung auf sich warten. Von Monat zu Monat vertröstete man ihn, bis endlich der Bescheid kam, er könne sich sein Geld abholen. Er sollte dafür am besten einen Rucksack mitbringen, denn inzwischen waren es dreizehn Millionen Mark, die ihm zustanden.

In der Stadt, wo er das Geld abholte, konnte er dafür einen Strohhut kaufen. Bis er im nächsten Ort ankam, reichte es gerade noch für eine Schachtel Streichhölzer. Hätte er mit einem Einkauf bis zum nächsten Tag gewartet, hätte er überhaupt nichts mehr bekommen. Über Nacht hatte die Inflation, die Anfang der zwanziger Jahre herrschte, das Geld völlig wertlos gemacht.

Unser Leben bestand fast nur aus Arbeit. Freizeit und Vergnügungen kannte man so gut wie nicht. Nur der Vater hatte das Privileg, seine Zeitung zu lesen. Wollte sich eines von uns Kindern nach getaner Arbeit einmal über den Fortsetzungsroman in der Zeitung hermachen, schritt gleich die Mutter ein: »Nichts da! Im Schrank liegen noch Strümpfe zum Stopfen.«

Am Abend, wenn die weiblichen Mitglieder der Familie um den Küchentisch saßen und Strümpfe stopften oder neue strickten, durfte der Großonkel den Zeitungsroman vorlesen. Der Vater, die Brüder und Knechte banden an den Abenden Besen oder flochten Weidenkörbe.

So sah der Alltag nicht nur bei uns aus, sondern überall im Dorf. Jeder hatte zwar sein stattliches Anwesen, doch obwohl alle Familienmitglieder sich von früh bis spät abrackerten, konnten keine Reichtümer erwirtschaftet werden. Dazu gab der karge Boden nicht genug her und war das Klima in der Eifel zu rau.

Alle zwei Wochen wurde in einem großen, gemauerten Backofen, der von der Küche her beheizt wurde, ein ordentliches Feuer gemacht und Brot gebacken – vierzehn große Laibe passten hinein. An diesen Tagen stand das Haus Kopf. Am Vorabend musste der Sauerteig angesetzt werden, und nachdem am nächsten Morgen die Hefe dazugegeben worden war, ging es rund. Jeder hatte etwas zu tun – einer knetete, einer formte die Laibe, einer schürte das Feuer. Ich schaute immer gerne zu, aber am schönsten war es, wenn die duftenden, fertigen Brote aus dem Ofen gezogen wurden. Dann konnte ich kaum erwarten, bis das erste angeschnitten wurde. In der Herbstzeit nutzte man nach dem Brotbacken die Resthitze dazu, um Obst zu dörren.

Wenn im Ort Kirmes war, wurde der Ofen das einzige Mal im Jahr angeheizt, um Unmengen von Kuchen zu backen. Zuerst kamen die trockenen Kränze dran, dann die mit Obst belegten Blechkuchen und zum Schluss der Streuselkuchen, der nicht zu viel Hitze abbekommen durfte.

Natürlich brauchten wir den vielen Kuchen nicht für uns allein, sondern für die ganze große Verwandtschaft, die sich am Kirmeswochenende im September bei uns traf. In gleicher Weise machten wir unsere Gegenbesuche, wenn in den anderen Orten eine Kirmes stattfand, denn es war allen wichtig, die verwandtschaftlichen Beziehungen zu pflegen, und es war selbstverständlich, dass man allen noch eine ordentliche Kuchenportion einpackte.

Bevor ich aus der Schule entlassen wurde, machte ich mir Gedanken darüber, was ich werden könnte. Als ich es wagte, diese Gedanken laut zu äußern, hieß es: »Das kannst du dir aus dem Kopf schlagen. Du bist die Älteste, und wir brauchen dich im Haushalt.« Damit war alles gesagt, und ich fügte mich, obwohl ich gerne einen Beruf erlernt hätte, wobei ich mit meinen Wünschen zwischen Näherin und Gärtnerin schwankte. Aber die nächsten Jahre blieb ich zu Hause, und als eine wesentlich jüngere Schwester meine Aufgaben übernehmen konnte, war es für eine Lehre zu spät.

Also beschloss ich, mir eine einfache Stellung zu suchen, doch diesmal kam die Staatsgewalt dazwischen, denn im Dritten Reich war es Vorschrift, dass jede Frau unter fünfundzwanzig Jahren ein sogenanntes Pflichtjahr bei kinderreichen Familien oder in der Landwirtschaft ableistete – während des Krieges konnte man zusätzlich, wie die jungen Männer zum Reichsarbeitsdienst, eingezogen werden.

Mich schickte man auf ein Gut mit vielen Kindern, eine meiner Schwestern zum Dienst im Lazarett, eine andere in einen kriegswichtigen Betrieb. Auf persönliche Wünsche wurde keine Rücksicht genommen in jener Zeit. Schlimmer jedoch war, dass einer meiner Brüder in Afrika fiel und ein anderer in Russland als vermisst galt. Kein Wunder, dass in unserer Familie die Nazis, die uns das alles eingebrockt hatten, ganz und gar nicht beliebt waren.

Zu allem Überfluss fielen zwei Tage vor Weihnachten 1944 Bomben auf unser Dorf, und alle neun Häuser brannten fast vollständig aus. Seit nämlich im Juni die Amerikaner und Briten in der Normandie gelandet waren, schoben sie sich immer weiter auf Reichsgebiet vor, und die linksrheinische Seite war zum Kampfgebiet geworden, vor allem seit Hitler auch noch den unsinnigen Befehl zum Beginn der Ardennenoffensive gegeben hatte, mit der ein Durchbruch der alliierten Truppen verhindert werden sollte.

So bekamen wir also gegen Ende des Krieges noch etwas vom Schrecken der Bombenangriffe mit. Auch wenn wir heil davongekommen waren, wurde das ganze Dorf am Tag darauf vorsorglich ins Sauerland evakuiert, denn zum einen waren die Häuser unbewohnbar, und zum anderen konnte unsere Gegend aufgrund des Frontverlaufs nicht mehr als sicher gelten.

Fünf Monate später war der Krieg zu Ende, und wir konnten zurückkehren. Da alles in Trümmern lag, musste man zunächst die Höfe wieder aufbauen, bevor man an die Bewirtschaftung der Felder denken konnte, und manch einer verdingte sich auf großen Höfen in der Umgebung, die den Krieg unbeschadet überstanden hatten, um erst einmal etwas zum Leben zu haben, wobei in Naturalien ausgezahlt wurde – für einen ganzen Tag harter Arbeit bekam man beispielsweise ein Pfund Butter!

Aber auch diese schwierigen Zeiten gingen vorüber, und sobald die Häuser neu aufgebaut waren, konnte das normale Leben wieder beginnen, wenngleich es vielleicht nie mehr so wurde, wie es früher gewesen war, denn die Menschen hatten sich durch den Krieg verändert.

So ging auch ein schöner, alter Brauch langsam verloren, als der wachsende Wohlstand in unserem bis dahin bescheidenen Leben Einzug hielt. Er war bekannt als sogenanntes Freierschießen und wurde in der ganzen Region von den jungen Männern als Ritual gepflegt. Und das sah folgendermaßen aus: In jedem Dorf passten die Burschen auf wie die Luchse, wer sich für welches Mädchen interessierte, wobei es keine Rolle spielte, ob der Freier aus dem eigenen Dorf kam oder nicht. Wenn also die Dorfjugend spitz bekam, dass ein Bursche zu einem Mädchen »freien« ging, war man sehr wachsam, denn nach dem dritten Rendezvous konnte bereits das »Schießen« stattfinden. Weil damit Kosten verbunden waren, versuchte jeder, dem es nicht wirklich ernst mit dem Heiraten war, seine Liebschaft geheim zu halten – schließlich fand sich vielleicht noch ein hübscheres Mädchen.

War aber jemand dreimal mit demselben Mädchen beobachtet worden, marschierten die Burschen zu seinem Haus, drängten sich in die Wohnstube und sagten einen Spruch auf, der etwa so lautete:

»Wir haben vernommen,
dass du bist gekommen,
die schönste Rose zu pflücken in unserem Garten.
Es soll dich nicht verdrießen,
jetzt wird es dreimal schießen.«

Einer aus dem Gefolge gab dann drei Schüsse ab, meist mit einer Schreckschusspistole oder einem Luftgewehr. Jeder Heiratswillige, der etwas auf sich hielt, spendierte den durstigen Kehlen anschließend etwas und ließ sich dabei nicht lumpen – schließlich wollte er vermeiden, dass es eine »Eselshochzeit« gab. Das wäre eine Schande, und jeder in der Gegend wusste das.

Das Ausmaß der Bewirtung hing natürlich vom jeweiligen Geldbeutel ab.

War der Freier ein »dicker« Bauer, also wohlhabend, lud er die ganze Mannschaft in die nächste Wirtschaft ein, während ein weniger betuchter Bursche zu Hause einen Bierkasten für die durstige Gesellschaft bereithielt. Egal ob arm oder reich, das »Freierschießen« war in unserer an Vergnügungen eher armen Umgebung immer eine willkommene Abwechslung und eine gute Gelegenheit, kräftig zu zechen. Ließ einer nicht gleich etwas springen, wurde die Prozedur nach einigen Tagen wiederholt, und spätestens dann besannen sich die meisten und leisteten den Dorfburschen den fälligen Tribut.

Ich kann mich jedoch an einen Burschen aus dem Nachbardorf erinnern, der sich hartnäckig weigerte, dem Brauch Folge zu leisten, und zur Strafe musste er eine »Eselshochzeit« über sich ergehen lassen. Damit war er in der ganzen Gegend unten durch, und selbst seine Kinder würden das noch zu hören bekommen. In dieser Hinsicht verstand man nicht den geringsten Spaß. Nach der Hochzeit des jungen Paares ging es sofort mit dem Scharribarri-Klopfen los. Das heißt, die jungen Männer, die um ihr Trinkgelage gekommen waren, versammelten sich allabendlich mit allerlei Gerätschaften, die Krach machten – alte Sägeblätter und Blecheimer eigneten sich hervorragend, aber auch Ratschen und Topfdeckel kamen zum Einsatz. So zog man lärmend durchs Dorf bis zum Haus der Neuvermählten, wo man eine halbe bis eine ganze Stunde lang einen Höllenlärm veranstaltete, den man bis weit in die benachbarten Orte hören konnte. Es war ein Schauspiel ohnegleichen, denn fast das ganze Dorf lief herbei, um die Burschen anzufeuern und ihnen Ratschläge zu geben, wie sie den Tumult steigern konnten. Das ging etwa sechs Wochen so, aber es war nur der Anfang, denn dann erst folgte die eigentliche Eselshochzeit.

Einer der jungen Burschen wurde als Braut verkleidet mit einem echten Brautkleid und allem, was dazu gehörte. Ein anderer spielte den Bräutigam, der einen ebenfalls ausgeliehenen Hochzeitsanzug trug. Zum

Schluss wurden Eselsköpfe aus Pappmaschee aufgesetzt, die auf dem Dachboden des Gemeindehauses aufbewahrt wurden. Die übrigen Burschen bildeten, ebenfalls festlich gekleidet, die Hochzeitsgesellschaft, und so marschierte man zu dem großen Platz vor der Kirche, auf dem bereits eine neugierige Menschenmenge, die von nah und fern zusammengeströmt war, wartete, um das Spektakel mitzuerleben. Es war ein richtiges Volksfest, bei dem nur diejenigen nicht lachen konnten, die Gegenstand der Späße waren.

Dann trat ein als Pfarrer verkleideter Bursche feierlich vor das Eselsbrautpaar und fragte: »Scharri, nimmst du die hier anwesende Barri als deine Ehefrau an, und willst du bei ihr bleiben, bis dass der Tod euch scheidet?« Der Eselsbräutigam antwortete mit einem vernehmlichen »Ja«. Dann wandte er sich an die Braut: »Barri, willst du mit deinem Scharri leben und zusammenbleiben bis zum Tod?« Mit piepsender Stimme, wie es sich für eine echte Braut gehörte, kam die Antwort, und dann wurden die beiden zu rechtmäßig verbundenen Eheleuten erklärt, gesegnet und verließen in einer Kutsche den Kirchplatz. Gefolgt von der »Festgesellschaft«, zog man durchs Dorf und landete schließlich im Wirtshaus, wo sich ein zünftiges Zechgelage anschloss – unter Ausschluss des geizigen »Freiers«, der mit seiner Weigerung den Anlass für diesen Riesenspaß gegeben hatte.

Die Motorradbraut

Hanni, Jahrgang 1927, aus Stettin

Vermutlich wäre mein Leben in völlig anderen Bahnen verlaufen, hätte es nicht lange vor meiner Geburt den Streit zwischen meinem Vater und den Großeltern um die berufliche Zukunft des Sohnes gegeben. Der Großvater, der es als Elektromeister schon in jungen Jahren zu einem eigenen Betrieb gebracht hatte, zwang nämlich seinen ältesten Sohn in diesen Beruf, obwohl er wie seine Brüder viel lieber studiert hätte – und diese Entscheidung sollte Folgen haben für uns alle.

Es begann damit, dass mein Vater, dem die ständigen Streitereien im Betrieb auf die Nerven gingen, den ganzen Kram hinschmiss und eine Stelle in einem Kraftfahrzeugbetrieb annahm, denn für Autos hatte er schon immer eine Schwäche gehabt. Er machte den Führerschein und wurde Chauffeur beim Inhaber eines Fotogeschäftes – das muss etwa 1927 gewesen sein, also um die Zeit meiner Geburt. Doch nach wenigen Jahren war es vorbei mit dieser Stelle, weil der

Fotograf sein Geschäft aus Altersgründen aufgab, und mein Vater stand erst einmal auf der Straße, und das in Zeiten millionenfacher Arbeitslosigkeit. Auch ein Versuch, sich mit einem Obst- und Gemüsegeschäft selbstständig zu machen, war nicht von Erfolg gekrönt, denn wo keine Arbeit war, verfügte niemand über Geld, und die Kunden blieben aus. So schlimm es auch ist, das sagen zu müssen – für meinen Vater begann 1933 mit Hitlers Machtergreifung eine bessere Zeit, denn wie viele andere fand er wieder eine Anstellung, wenngleich die neu geschaffenen Arbeitsplätze zu einem großen Teil, was damals verschwiegen wurde, der auf Hochtouren anlaufenden Aufrüstung und der Kriegsvorbereitung dienten.

Parteiorganisationen schossen wie Pilze aus dem Boden, für Frauen und Kinder, für die Jugend – und für die Autofahrer. Und genau hier, beim NSKK, dem Nationalsozialistischen Kraftfahrzeugkorps, fand mein Vater, beruflich gesehen, eine Heimat. Dieser Verband hatte neben zivilen Funktionen, wie sie heute etwa der ADAC hat, auch paramilitärische Aufgaben. Ohne langes Besinnen bewarb er sich, wurde sofort genommen und war von da an ständig unterwegs, mal mit kleinen, mal mit großen Fahrzeugen. Seine Fahrten führten ihn durch ganz Deutschland, sehr häufig nach München, der »Hauptstadt der Bewegung«, wie es damals hieß. Wegen seiner ständigen Abwesenheit von zu Hause habe ich nur wenige Erinnerungen an ihn.

Eigentlich sind es nur zwei Dinge, die ich wirklich mit ihm in Verbindung bringe – zum einen, dass er Kettenraucher und praktisch nie ohne Zigarette zwischen den Fingern zu sehen war, und dass ich ihn zum anderen als Respektsperson betrachtete.

Während die erste Erinnerung zweifellos korrekt ist, stimmt die andere nicht wirklich, denn im Grunde war meine Mutter sehr viel strenger als der Vater. Beide versuchten jedoch nach ihren Möglichkeiten, mir Wünsche zu erfüllen, solange sie im Rahmen blieben.

Natürlich besaß ich einen Puppenwagen, wenngleich nicht so einen luxuriösen, wie meine Freundin ihn stolz ihr Eigen nannte und der ein verstellbares Verdeck hatte.

»Komm, lass mich doch auch mal schieben«, bat ich sie ein wenig neidisch, nachdem ich auf einem Spaziergang lange genug nur neben ihr hergetrottet war. Als sie ablehnte, wurde ich wütend, machte mir von hinten an dem Wagen zu schaffen und hatte, ehe ich mich versah, ein Loch ins Verdeck gedrückt.

Das hatte ich nicht gewollt, aber nachdem es geschehen war, wusste ich, dass mir von der Mutter ein fürchterliches Donnerwetter drohte, sobald sie von der Sache erfahren würde. Also flüchtete ich mich weinend zu meinem Vater, der gerade zu Hause war und im Keller herumwerkelte.

Und wirklich schallte es schon bald durchs Treppenhaus: »Hanni, wo bist du?«

Ich tat so, als ob ich nichts gehört hätte, aber der Vater mahnte: »Du, Hanni, die Mutter hat gerufen.« Mir blieb also nichts anderes übrig, als nach oben in die Wohnung zu gehen und mich der Strafpredigt zu stellen.

»Was hast du gemacht?«, fauchte die Mutter mich an und verabreichte mir, ohne eine Erklärung abzuwarten, eine gehörige Tracht Prügel. Damals als Kind hat man das einfach hingenommen, dass Eltern, bisweilen auch grundlos, Schläge austeilten.

Nicht jedoch mein Vater. Er war mir aus dem Keller gefolgt, weil er Entsprechendes vermutete, und gebot meiner Mutter Einhalt, denn er hielt absolut nichts von Prügelstrafen.

Überhaupt war er ein sehr gerechter Mensch und schaffte es auch, den Ärger wegen des Puppenwagens mit den Eltern des Mädchens aus der Welt zu räumen. Wie genau er sich geeinigt hat, weiß ich allerdings nicht, aber jedenfalls blieb die Freundschaft erhalten.

1936 änderte sich unser Leben erneut, denn mein Vater erkrankte schwer. Auf einer Dienstfahrt von Stettin nach München hatte er sich in einem offenen Wagen eine Lungenentzündung zugezogen, die für die angegriffene Lunge des starken Rauchers zu viel war.

Als er nach langem Krankenhausaufenthalt in die Lungenheilanstalt Hohenkrug bei Stettin verlegt werden musste, kümmerten sich auch die Großeltern, die lange Zeit aus ihrer Enttäuschung über die berufliche Wahl ihres Sohnes keinen Hehl gemacht hatten, vorbildlich um ihn und besuchten ihn, so oft sie konnten, oder kümmerten sich um mich, wenn meine Mutter in die Heilanstalt fuhr.

Anfangs war mein Vater voller Optimismus und davon überzeugt, bald wieder in sein gewohntes Leben zurückkehren zu können. Immer wieder umklammerte er die Hand seiner Mutter und fragte beschwörend: »Mutti, ich werde doch wieder gesund, nicht wahr, das werde ich doch?«

Wir glaubten alle an seine Genesung, die in unseren Augen nur eine Frage der Zeit sein konnte, bis dann nach einigen Wochen ein verhängnisvoller Brief eintraf. Er kam von seiner Dienststelle, und ich werde den Text nie vergessen: »Da Sie für den Dienst im NSKK nicht mehr tauglich sind, scheiden Sie mit sofortiger Wirkung aus.«

Dieses Schreiben habe ihm das Herz gebrochen, erzählte meine Mutter immer wieder, denn von diesem Moment an verlor er allen Lebensmut und starb bald darauf im Alter von nur dreiunddreißig Jahren. Ich vermute jedoch, dass es sich bei seiner Krankheit um Schlimmeres als eine Lungenentzündung gehandelt hat.

Als man mir den Tod meines Vaters mitteilte, habe ich das zunächst gar nicht bewusst als Verlust wahrgenommen. Er war ja schließlich kaum da gewesen, und selbst als ich den toten Vater im offenen Sarg sah, hat mich das nicht schockiert. Erst der Moment, als der Sarg geschlossen und in die Kapelle gefahren wurde, machte mir die Endgültigkeit des Abschieds bewusst. Ich bekam einen Weinkrampf, schrie und schlug um mich, sodass eine Verwandte mit mir die Halle verlassen musste.

Meine Großeltern waren es dann, die mich aufgefangen haben, denn meine Mutter war viel zu sehr mit ihrer eigenen Trauer beschäftigt. Hinzu kam die Sorge, wie es mit uns weitergehen sollte, denn sie erhielt keinen Pfennig Rente, weil der Vater so jung gestorben war.

Da sie selbst nie eine Ausbildung hatte machen dürfen, stand sie nun mit dreißig Jahren ohne Beruf, ohne Geld und mit einem neunjährigen Kind da, für das sie zu sorgen hatte. Alles, was sie an Unterstützung erhielt, war ein Waisengeld von zwölf Mark und fünfzig Pfennigen für mich.

Damals war es noch sehr verbreitet, dass Mädchen keinen richtigen Beruf erlernten, weil die Ausbildung als verschwendete Zeit erschien, doch meine Großeltern waren in ihrer Argumentation besonders borniert. Meine Mutter durfte nichts lernen, weil das zuvor die ältere Schwester auch nicht getan hatte. Dass diese jedoch gar keinen Beruf ergreifen wollte, wohl aber meine Mutter, spielte für meine Großeltern keine Rolle. Sie erinnerten nur an die Worte der Älteren, die immer gesagt hatte: »Wozu brauche ich einen Beruf? Ich möchte aufs Land, dahin, wo es nach Kühen riecht.«

Folgerichtig verdingte sie sich zunächst auf einem Bauernhof und hatte das Glück, später auf einem anderen einheiraten zu können. Dieser Lebensweg erschien meinen Großeltern ebenfalls erstrebenswert für meine Mutter, und als diese den Wunsch äußerte, Hutmacherin zu werden, hieß es nur: »Deine Schwester hat nichts gelernt, da brauchst du auch nichts zu lernen. Geh auch aufs Land.«

Also blieb ihr nichts anderes übrig, als eine Zeit lang gegen ihren Willen in der Landwirtschaft und anschließend in der Hauswirtschaft zu arbeiten, bis ihr ein Städter, mein Vater, über den Weg lief und sie ihn heiratete.

Wie verhängnisvoll und kurzfristig die Verbote der Großeltern gewesen waren, erwies sich jetzt nach dem frühen Tod meines Vaters, als wir plötzlich vor dem Nichts standen. In dieser Situation konnte sie nur von Glück sagen, als eine Nachbarin aus unserem Haus, in dem vier Parteien wohnten, sie ansprach.

Die Frau nähte in Heimarbeit für eine Textilfabrik Hosen und brachte diese Fertigkeiten jetzt meiner Mutter bei und sorgte dafür, dass sie ebenfalls von der Firma Arbeit bekam. Von diesem Augenblick an war meine Mutter den ganzen lieben langen Tag mit dem Nähen von Hosen beschäftigt.

Auch für mich blieb das nicht ohne Konsequenzen, denn sobald ich aus der Schule kam, musste ich bei ihr sitzen und helfen, Hosennähte umzustechen und Knöpfe anzunähen. Darüber hinaus hatte ich eine Menge Dinge im Haushalt zu erledigen, für die meine Mutter keine Zeit fand.

Meine Kindheit war also fast vorbei. Nur mittwochs war mir eine Verschnaufpause vergönnt, denn an diesem Tag kam meine Oma, um der Mutter zu helfen, und ich konnte endlich wieder zu den anderen Kindern in den Hof, doch leider hatten die Freunde von einst mich inzwischen abgeschrieben und grenzten mich meistens aus. Oft bin ich weinend gleich wieder nach oben gegangen und verlor nach und nach die Lust, zum Spielen nach unten zu gehen.

Auch hinsichtlich meiner schulischen Laufbahn markierte der Tod meines Vaters einen gewaltigen Einschnitt. Ob es nun an der Trauer über diesen Verlust lag oder daran, dass meine Mutter mich vollständig einspannte – jedenfalls ließen meine Leistungen rapide nach, und im Zeugnis stand der Satz: »Hanni kann, wenn sie will, viel mehr leisten.« Doch anstatt sich Gedanken über die Ursachen meines Leistungsabfalls zu machen, bestrafte mich meine Mutter dafür, indem sie mir verbot, im Sommer meine Tante zu besuchen.

Das war hart, denn die Schulferien verbrachte ich meist auf dem Land bei einer Schwester meines Vaters, die mit einem Lehrer verheiratet war, selbst keine Kinder hatte und sehr an mir hing. Sie unternahm viel mit mir und brachte mir überdies allerlei Wissenswertes fürs Leben bei. Meine Mutter war deshalb immer ein wenig eifersüchtig und neidisch auf ihre Schwägerin und hat mich im Grunde genommen eher ungern in den Ferien zu ihr gegeben.

Für ihren Geschmack versuchte die Tante mich zu sehr zu vereinnahmen, und zu allem Überfluss musste sie sehen, dass ich mir das nur zu gerne gefallen ließ. Zum Glück verstand es mein Großvater hervorragend, die Spannungen in der Familie immer wieder abzubauen und vor allem die Wogen zwischen den beiden Schwägerinnen zu glätten.

Überhaupt war mein Großvater ein sehr vermittelnder und gerechter Mensch – abgesehen davon, dass er einst seinen ältesten Sohn in einen ungeliebten Beruf gezwungen hatte. Aber später machte er zwischen mir und seinen anderen Enkelkindern keine Unterschiede und ließ meine Mutter und mich nie spüren, dass wir im Vergleich zu den studierten Söhnen in eher armseligen Verhältnissen lebten.

Nachdem meine schulischen Leistungen sich im Jahr darauf verbessert hatten, stellte sich die Frage eines Übertritts aufs Gymnasium, und obwohl meine Lehrerin diesen Wechsel ausdrücklich befürwortete, blieben bei meiner Mutter Bedenken. Wer sollte schließlich die zwanzig Mark Schulgeld im Monat bezahlen? Bevor sie jedoch eine Entscheidung traf, schnitt sie das Thema am nächsten Sonntag bei einem Treffen der ganzen Familie an.

»Natürlich geht das Kind aufs Gymnasium«, war die einhellige Meinung der Verwandtschaft. Als meine Mutter zögernd einwandte, dass sie das Schulgeld nicht aufbringen könne, fiel ihr gleich meine Tante ins Wort: »Keine Widerrede, du schickst das Kind auf eine höhere Schule. Für das Schulgeld werden wir aufkommen.«

»Ja, gut«, antwortete meine Mutter. »Aber das musst du mir schriftlich geben. Nicht dass du nach einem Jahr einen Rückzieher machst, denn damit wäre keinem gedient.«

Die schriftliche Erklärung ist ebenso wenig zustande gekommen wie mein Wechsel aufs Gymnasium. Die Tante fühlte sich nämlich durch die Forderung meiner Mutter beleidigt, weil sie meinte, ihr Wort sollte schließlich reichen, doch meine Mutter beharrte auf ihrer Position – mit dem Ergebnis, dass ich auf der Volksschule blieb.

Viele Jahre später, als meine Mutter mit einer gewissen Bewunderung meinen Lebensweg verfolgte, gab sie zu, in diesem Moment nicht richtig gehandelt zu haben: »Den größten Fehler meines Lebens habe ich gemacht, dass ich dich nicht aufs Gymnasium habe gehen lassen«, gestand sie ein. Zwar hätte ich es bestimmt mit einem Abitur in der Tasche leichter gehabt, aber ich bin auch so ganz schön weit gekommen.

Rückblickend kann ich das ziemlich locker sehen, aber damals war ich bitter enttäuscht, zumal ich den Eindruck hatte, dass nicht nur das Geld bei der Entscheidung meiner Mutter ausschlaggebend gewesen war, denn irgendwie war ich überzeugt, dass sie mich nicht als Hilfskraft beim Nähen und im Haushalt verlieren wollte – als Gymnasiastin hätte sie mir immerhin viel mehr Zeit fürs Lernen und für Hausaufgaben lassen müssen. So aber konnte ich weiterhin die Nachmittage damit verbringen, ihr beim Nähen zur Hand zu gehen.

Am meisten habe ich es gehasst, wenn sie mir auftrug: »Such mal die Taschentücher zusammen«, dann dachte ich nur: ›Oh Gott, geht das schon wieder los!‹ Diese Aufforderung bedeutete nämlich unweigerlich Waschtag. Waschtage waren für mich ein Horror, und niemand vermag sich heutzutage mehr vorzustellen, welche Schinderei damit verbunden war.

Zuerst wurde die Wäsche eingeweicht, dann nach einer Weile im Einmachkessel auf dem Herd gekocht und anschließend in der Bütte auf dem Waschbrett gerubbelt. Zum Schluss musste sie noch mehrmals gespült werden, bis wir sie bei schönem Wetter im Garten und bei schlechtem Wetter auf dem Dachboden zum Trocknen aufhängen konnten.

Bis die ganze Prozedur vorbei war, verging leicht

ein Tag, an dem ich überdies nichts Gescheites zum Essen bekam, was für mich fast das Schlimmste war. Weil am folgenden Tag Bügeln angesagt war, gab es wieder nichts zu essen, und während meine Mutter die ganze Wäsche bügelte, teilte sie mir andere Aufgaben zu, damit ich nur ja nicht unbeschäftigt herumsaß.

Als 1942 meine Schulzeit endete, hätte ich gerne eine Lehre in einem Friseursalon gemacht, aber mit diesem Wunsch stieß ich auf Widerstand vor allem bei den Großeltern. Sie fanden diesen Beruf nicht gut genug für mich und zu anstrengend außerdem. »Mach lieber was anderes, Kind«, hieß es.

Ich weiß nicht mehr, wer aus der Familie die Finger im Spiel hatte – jedenfalls wurde ich als Verwaltungslehrling bei der Stadt Stettin eingestellt und musste verschiedene Abteilungen durchlaufen, unter anderem das Gesundheitswesen.

Zu dieser Zeit begannen die ersten heftigen Luftangriffe, denn Stettin war im Dritten Reich einer der wichtigsten Kriegshäfen. Mit meinem Chef musste ich nach den nächtlichen Bombardements durch die Straßen gehen und die Opfer registrieren – es war meine erste Begegnung mit Toten. Ich war heilfroh, als ich in die nächste Abteilung kam und die schrecklichen Bilder nicht mehr sehen musste.

Als ich etwa die Hälfte meiner Lehrzeit hinter mir hatte, musste ich urplötzlich meine Heimatstadt verlassen. Im Spätsommer 1944 kam der Krieg, mit dem Hitler die Länder Europas überzogen hatte, mehr und mehr nach Deutschland zurück. Überall an den Fronten waren die Alliierten durchgebrochen und drängten die geschwächte Wehrmacht zurück. Vor den Toren Ostpreußens stand die Rote Armee und schickte sich an, ins Herz des Deutschen Reichs, nach Berlin, vorzustoßen.

Weil die jungen Burschen meines Alters längst zu militärischen Hilfsdiensten herangezogen worden waren, wurden jetzt junge Mädchen angefordert, am sogenannten Ostwall zu arbeiten, einer gewaltigen Festungsanlage mit Bunkern, Unterständen und Kasernen, die sich etwa einhundert Kilometer östlich von Berlin von der Warthe bis zur Oder erstreckte und das deutsche Kerngebiet schützen sollte.

Angesichts der Kriegslage war angeordnet worden, diesen Wall zu verstärken und neue Stellungen für Maschinengewehre auszuheben. Ich frage mich, ob wirklich damals irgendjemand ernsthaft daran glaubte, dass dadurch noch etwas zu verhindern war – schließlich hatten andere Wälle ebenfalls nicht standgehalten.

Aber so war das eben bei den Nazis: Unerschütterlich wurde der Glaube an den Endsieg in die Köpfe der Menschen gehämmert, unermüdlich wurden Städte zu Festungen erklärt und unaufhörlich junge Männer in sinnlosen Schlachten verheizt. Und ich, ich fuhr zum Truppenübungsplatz nach Großborn in

Pommern, um an der Verstärkung des Ostwalls mitzuwirken.

Ich kann nicht behaupten, dass ich dieser Arbeit etwas abgewinnen konnte, aber das Schlimmste waren die Soldaten, die hier stationiert waren, denn beständig belästigten sie uns junge Mädchen. Nach einer Weile hatte ich die Nase voll. »Das mache ich nicht mit«, erklärte ich meinem Vorgesetzten. »Lieber gehe ich zum Arbeitsdienst«, und fand mich bald auf einem Kartoffelacker in Hinterpommern wieder.

Obwohl diese Arbeit kaum leichter war als das Schippen am Ostwall, war ich zufrieden mit dem Tausch, denn zumindest waren hier keine aufdringlichen Kerle. Auch über Unterkunft und Verpflegung ließ sich nichts Negatives sagen, und so richtete ich mich gelassen auf eine längere Verweildauer ein.

Doch nach vier Wochen hieß es mit einem Mal, es würden zehn Mädchen aus Stettin gebraucht, die dringend in die Stadt zurückkehren müssten, und so stand ich plötzlich vor meiner Mutter, die ganz überrascht fragte: »Ja, wo kommst du denn her?«

»Ich werde jetzt zur Straßenbahnschaffnerin ausgebildet«, verkündete ich stolz.

Überall herrschte eklatanter Mangel an Arbeitskräften, weil alle Männer, soweit sie nicht tot oder in Gefangenschaft waren, an den bröckelnden Fronten standen oder militärische Hilfsdienste leisteten. Es war die Stunde der Frauen, und ich war dabei.

Nach einem Kurzlehrgang wurde ich auf einer ziemlich langen Strecke eingesetzt, auf der ich in dieser schrecklichen Zeit nur allzu oft das Grauen des Krieges vor Augen geführt bekam. Einmal fuhren wir an Soldaten vorbei, die man aufgehängt hatte – vermutlich Fahnenflüchtige, die der Sinnlosigkeit der letzten Kämpfe entfliehen wollten und mit denen SS-Schergen oder gesinnungstreue Kameraden kurzen Prozess gemacht hatten.

Ein anderes Mal sah ich kurz vor der Endhaltestelle auf einer Weide einen Bauern bei seinen Kühen, als am Himmel ein russischer Tiefflieger auftauchte und wir schnell die Wagen verlassen und Schutz im Straßengraben suchen mussten. Sobald das Flugzeug abgedreht hatte, kletterten wir aus unserer Deckung hervor, und da entdeckte ich den Bauern und seine Tiere tot auf der Weide, zerfetzt von den Gewehrsalven des Tieffliegers. Später habe ich lieber weggeschaut bei solch grausigen Bildern, die inzwischen zum Alltag gehörten.

Eines Tages schrieb mein jüngster Onkel in größter Besorgnis an meine Mutter: »Geh mit dem Mädchen aus Stettin weg, die Russen werden bald da sein.« Inzwischen schrieben wir das Jahr 1945, und die Rote Armee war nach Ostpreußen vorgedrungen. Millionen von Menschen hatten sich viel zu spät auf die Flucht gemacht – nicht alle schafften es rechtzeitig, wurden aufgegriffen, verschleppt, vergewaltigt. Mein Onkel wusste, wovon er redete, denn auch seine Frau hatte es getroffen, als die Russen kamen. Trotzdem zögerte meine Mutter. Da unser Viertel als einziges in der Stadt nicht zerstört worden war, wollte sie ihre Wohnung nicht verlassen und ihre Arbeit nicht aufgeben. »Schließlich habe ich mir mühsam genug diese Existenz aufgebaut«, lautete ihre nicht ganz logische Argumentation.

Irgendwann jedoch schaute sie den unabwendbaren Tatsachen ins Gesicht und beschaffte für uns eine Genehmigung, dass wir die Stadt verlassen durften. Eines Tages wartete sie an der Haltestelle und forderte mich auf: »Lass dir deine Papiere geben, wir gehen nach Altenhunden.«

In diesem Ort im Sauerland lebte inzwischen jene Nachbarin, die ihr das Nähen beigebracht hatte, denn ihr Mann hatte dort eine Stelle in einer Fabrik für Herrenkonfektion angenommen. Als der Krieg ausbrach, hatte ihr die Frau geschrieben: »Sollte es bei euch brenzlig werden, könnt ihr jederzeit zu uns kommen und bei uns bleiben, bis der Krieg zu Ende ist.«

Wir kamen schon gar nicht mehr mit dem Zug aus der Stadt heraus und legten den ersten Teil des Weges per Anhalter zurück. Auch mit der Bahn wurde die »Reise« nicht einfacher, denn die Züge waren mit Flüchtlingen hoffnungslos überfüllt, mussten wegen Tieffliegerbeschuss immer wieder anhalten, bekamen keine Einfahrt in Bahnhöfe oder wurden für Stunden auf einem Nebengleis abgestellt. Auf diese Weise waren wir eine ganze Woche unterwegs. Am 25. März 1945 erreichten wir endlich unser Ziel.

Zunächst schien es, als kämen wir vom Regen in die Traufe, denn in dieser kleinen Stadt im Sauerland erlebten wir den schlimmsten Tagesangriff überhaupt. Wir haben uns nur angeschaut und gejammert: »Dafür sind wir hierher gekommen – nur um in diesem Nest zu enden.« Beide haben wir nicht geglaubt, den Bombenhagel lebend zu überstehen. Später erfuhren wir, warum der Ort überhaupt angegriffen worden war: Die Amerikaner vermuteten hier zurückweichende deutsche Truppen.

Als wir uns endlich aus dem Keller trauten und über das Tal blickten, sahen wir in der Ferne bereits die ersten Jeeps und Panzer der anrückenden US-Army, und es dauerte nicht lange, bis die Vorhut Altenhunden erreichte.

Kurz darauf war der Krieg zu Ende. Stettin, meine Heimatstadt, war in unerreichbare Ferne gerückt, und mit der Zeit begriffen wir, dass es kein Zurück mehr gab. Wohin nun? Zunächst blieben wir im Sauerland und suchten nach Möglichkeiten, ein wenig Geld zu verdienen, damit wir den liebenswürdigen Bekannten nicht vollständig auf der Tasche liegen mussten. Da in der Textilfabrik noch nicht wieder gearbeitet wurde, nahm meine Mutter eine Putzstelle bei einem

Milchhändler an, während ich als Haushaltshilfe zu einem Zahnarzt ging. Damit hatte ich das große Los gezogen, denn man behandelte mich dort fast wie eine Tochter und überließ mir ein sehr schönes, eigenes Zimmer.

Auf Dauer allerdings wollte ich nicht Haushaltshilfe bleiben, doch ich musste noch einige Umwege machen, bis ich die Stelle fürs Leben fand. Ich versuchte mich mit verschiedenen Aushilfstätigkeiten in Altenhunden, bis mir irgendein Bekannter den wertvollen Tipp gab, dass in einer Treuhandgesellschaft in Düsseldorf Stenotypistinnen gesucht und gute Aufstiegschancen versprochen würden.

Doch um eine Wohnberechtigung für Düsseldorf zu bekommen, musste ich eine feste Anstellung vorweisen. Andererseits würde man mich nur einstellen, wenn ich eine Wohnung hatte – ich saß in der Zwickmühle: ohne Stelle keine Wohnung und ohne Wohnung keine Stelle. Aber irgendjemand ließ seine Beziehungen spielen, und ich zog mitsamt der Mutter an den Rhein.

Die jungen Mädchen und Frauen der Nachkriegszeit mussten zumeist für ihren Unterhalt selbst aufkommen, ob sie nun bereits einen Beruf hatten oder nicht. Irgendwie musste man sich durchschlagen – das galt ebenfalls für viele Verheiratete, weil die Männer oft erst spät aus der Gefangenschaft heimkehrten.

Wer unverheiratet war, würde vielleicht für immer

allein bleiben, denn die Generation heiratsfähiger Männer war zu einem großen Teil im Krieg geblieben. Man hatte also die Auswahl zwischen jüngeren Bewerbern oder erheblich älteren, die fast im Alter der Väter waren. Ich lernte zum Beispiel einen wohlhabenden Witwer kennen, der mir eifrig den Hof machte, doch für mich war es undenkbar, ihn zu heiraten – es wäre mir irgendwie widernatürlich erschienen, wenngleich ich dadurch aller Sorgen ledig gewesen wäre. Da ich auch später kein allzu glückliches Händchen mit den Männern um mich herum hatte, beschloss ich irgendwann, dass es eigentlich gar nicht so schlecht war, allein auf sich gestellt zu leben.

Die eine oder andere gute Partie hätte ich bestimmt machen können und wäre damit aller finanziellen Sorgen enthoben gewesen, aber ich habe immer gefunden, dass das Herz auch mitsprechen muss, und ich glaube nicht, dass ich in einer Vernunftehe so glücklich und zufrieden geworden wäre, wie ich es heute bin.

Einmal hatte ich gleich zwei Bewerber – einen, den ich sehr liebte, der auch altersmäßig zu mir gepasst hätte, und einen anderen, der ein Jahr jünger, aber ebenfalls sehr nett war. Nur wollten sich beide nicht festlegen, und das war der Haken an der Geschichte. Hinzu kam, dass ich nicht der Typ war, zu drängen oder gewaltsam eine Entscheidung herbeizuführen, und so dümpelten beide Freundschaften vor sich hin, bis es irgendwann zu Ende war.

Ich war nicht allzu traurig, zumal ich in dieser Zeit durch die Suchstelle des Roten Kreuzes meine Stettiner Freundin wiedergefunden hatte, die inzwischen in der Schweiz verheiratet war und mich sofort einlud. Ich beantragte zwei Wochen Urlaub, besuchte sie in ihrem Haus und war begeistert, als sie mir erzählte, wir würden zum Abschluss meines Aufenthalts eine Rundreise durch die Schweiz unternehmen – bis ich hörte, dass es eine Motorradtour werden sollte, denn ein Auto besaßen sie nicht.

›Oh mein Gott, ein Motorrad‹, dachte ich nur, denn noch nie hatte ich auf einer solchen Höllenmaschine gesessen! Die zweite Überraschung folgte auf dem Fuß: Weil ein Motorrad natürlich für drei Personen nicht ausreichte, hatte man den netten Nachbarn, der eine tolle Maschine fuhr, zu dem Unternehmen hinzugebeten – mir roch die ganze Sache verdächtig nach einem Verkupplungsversuch.

Es blieb mir jedoch nichts anderes übrig, als gute Miene zum bösen Spiel zu machen, und so fuhren wir zu viert los – meine Freundin auf dem Sozius hinter ihrem Mann und ich als Motorradbraut mit Helm hinter dem Nachbarn. Wenngleich mir diese Art der Fortbewegung sehr gegen den Strich ging, muss ich zugeben, dass die Fahrt wunderschön und alles, was ich zu sehen bekam, atemberaubend war. Bis zur Rückfahrt!

Wir fuhren gerade am Zürichsee entlang, als es auf

einmal Nacht um mich wurde. Erst Wochen später wachte ich auf einer Intensivstation auf und hatte nicht die geringste Ahnung, was geschehen war, bis die anderen es mir erzählten. Ein entgegenkommender Linksabbieger hatte nicht aufgepasst und unser Motorrad mit einer solchen Wucht gerammt, dass wir uns überschlugen.

Wir konnten von Glück sagen, dass wir Helme trugen, denn sonst wäre die Sache wohl anders ausgegangen. Mein Begleiter hatte außer ein paar Schrammen nichts davongetragen, und auch ich schien zunächst in Ordnung zu sein, denn ich war gleich aufgestanden und herumgelaufen. Erst als ich die Umstehenden mit unsinnigen Worten ansprach wie: »Wir kennen uns doch, nicht wahr? Treffen wir uns nicht an der Haltestelle?« – erst da wurde klar, dass bei mir etwas nicht stimmte. Und dann sei ich plötzlich ins Koma gefallen, sagte meine Freundin.

Mein »Unfallpartner« besuchte mich täglich im Krankenhaus und brachte jedes Mal eine kleine Aufmerksamkeit mit. Eines Tages dann machte er mir einen Heiratsantrag! Ich wusste gar nicht, wie mir geschah. Hatte er wegen des Unfalls, obwohl er daran nicht schuld war, ein schlechtes Gewissen? Oder war er wirklich an mir interessiert? Ich schwankte zwischen zwiespältigen Gefühlen hin und her und fragte meine Freundin um Rat.

Sie redete auf mich ein wie auf einen lahmen Gaul: »Natürlich liebt er dich. Er hätte den Antrag bestimmt auch ohne den Unfall gemacht, aber betrachte den Unfall als Fügung des Himmels, denn ohne ihn wärst du bald wieder nach Hause gefahren und hättest wahrscheinlich den Bernd aus den Augen verloren. Wenn man so will, war es also ein gütiges Schicksal, das euch zusammengeführt hat.«

Ihre Worte gefielen mir gar nicht, und auch nicht die Bestärkungen ihres Mannes, der behauptete: »Wenn man so etwas Schlimmes, wir ihr es erlebt habt, übersteht, dann ist das ein Wink des Himmels, dass ihr zusammengehört.« Doch warum auch immer erlag ich den Einflüsterungen meiner Freunde und heiratete Bernd gleich nach meiner Entlassung aus dem Krankenhaus. Meine Freundin und die künftige Schwiegermutter hatten sich um alles gekümmert, um einen kleinen Empfang und sogar um eine festliche Brautausstattung für mich. Die Mutter schien froh, ihren Sohn endlich unter der Haube zu haben, und meine Freundin fand es wohl nett, dass ich in der Zukunft in ihrer Nähe sein würde. Sie und ihr Mann fungierten als Trauzeugen und machten feierliche Gesichter.

Offensichtlich war ich die Einzige, die an diesem Tag nicht glücklich war. Wahrscheinlich war er ja der Richtige für mich, versuchte ich mir einzureden, obwohl mein Herz eine andere Sprache sprach.

Ich hätte besser auf meine innere Stimme gehört,

denn in der Hochzeitsnacht war es mir unmöglich, die auf dem Standesamt geschlossene Ehe zu vollziehen, und das änderte sich auch nicht in der nächsten, der übernächsten Nacht und so weiter.

Eine Weile zeigte Bernd dafür Verständnis und schob mein Verhalten auf ein Unfalltrauma, aber in Wirklichkeit lag es daran, dass ich keine Liebe für ihn empfand. Da ich jedoch nicht den Mut aufbrachte, offen mit ihm zu reden und ihm zu sagen: »Es war ein Irrtum, lassen wir es lieber«, suchte ich einen Vorwand, von ihm wegzukommen. Ich behauptete, in Düsseldorf dringend etwas regeln zu müssen, und fuhr nach Hause, um mein altes Leben wiederaufzunehmen.

Vergeblich wartete mein Mann auf meine Rückkehr, schrieb sehnsüchtige Briefe und beschwor mich, bald zurückzukommen. Als auch Anrufe im Büro nichts nutzten, tauchte er sogar persönlich auf, doch selbst das vermochte mich nicht umzustimmen. Ich brachte es einfach nicht über mich, mit ihm ohne Liebe ein gemeinsames Leben zu beginnen, und eine reine Versorgungsehe einzugehen, wäre mir schäbig erschienen.

Ich muss zugeben, dass mein verhinderter Ehemann sich überaus rücksichtsvoll verhielt. Er zeigte viel Verständnis und riet mir dringend zu einer Therapie. Vielleicht seien ja auch meine Kriegserlebnisse schuld, meinte er. Er reiste nicht eher ab, bis ich einwilligte, obwohl ich wusste, dass ich dieses Versprechen nicht halten würde. Eine Therapie für fehlende Liebe gab es schließlich nicht!

Mit der Zeit begriff er wohl, dass ich nie mehr zu ihm kommen würde, und reichte die Scheidung ein. Durch meine Freundin erfuhr ich einige Jahre später, dass er wieder verheiratet und Vater von zwei Kindern war. Über die Nachricht, dass er auch ohne mich ein erfülltes Leben gefunden hatte, war ich sehr froh und suchte fortan meinerseits Erfüllung in meinem Beruf.

Leben und Liebe in der Backstube

Cordula, Jahrgang 1926, aus Haag

Der Traum meines Vaters war von jeher eine eigene Bäckerei gewesen, und er war stolz, dass er dieses Ziel im Jahr meiner Geburt erreichte. Ich war gerade zehn Wochen alt, als wir nach Reisbach an der Filz, einem Marktflecken in Niederbayern, übersiedelten, einer Gemeinde mit etwa dreitausend Einwohnern, von denen zwei Drittel Bauern waren. Trotzdem backten die wenigsten ihr Brot noch selbst, und so fand unsere Bäckerei regen Zulauf.

Es gab allerdings auch Bäuerinnen, die ihren Brotteig selbst machten, ihn aber bei uns backen ließen. Jeden Abend zwischen fünf und sechs Uhr kamen sie mit einem Gefäß, um sich Sauerteig für die Zubereitung zu holen, und am nächsten Tag brachten sie dann in Strohkörben die zu länglichen Wecken geformten Brote und legten sie auf einem Ständer im Gang ab. Manche brachten zwei oder drei Laibe, andere fünf oder sechs. Auf jedem klebte der Name des Besitzers, damit man am folgenden Tag sein eigenes Brot wiederfand. Vor dem Krieg kostete das Backen bei uns zwanzig Pfennig pro Brot.

Da unsere Wohnung direkt über der Backstube lag, kannte ich von klein auf nichts anderes, als beim Aufwachen den Duft von frisch gebackenem Brot in der Nase zu haben. Soweit ich zurückdenken kann, verbrachte ich meine Tage in der Backstube, die für mich der schönste Platz auf der Welt war. Überhaupt spielte sich dort ein großer Teil unseres Familienlebens ab – vielleicht, weil die Backstube immer so gemütlich warm war. In den anderen Räumen hielten wir uns nur zum Schlafen auf, und der beliebteste Raum neben der Backstube war vermutlich unser Badezimmer, denn außer uns verfügten im Ort nur der Arzt und der Tierarzt über einen solchen Luxus.

So war es kein Wunder, dass sich unsere Freunde danach drängten, am Samstag, wenn Badetag bei uns war, unsere Wanne ebenfalls benutzen zu dürfen. Ihren Müttern war das nur recht, wenn ihnen die Arbeit abgenommen wurde und ihre Sprösslinge sauber nach Hause kamen.

Nicht nur, was die Benutzung des Badezimmers betraf, waren meine Eltern großzügig, aufgeschlossen und kinderlieb, und so hieß es im ganzen Dorf: »Beim Bäcker ist Haus der offenen Tür.«

Meine Geschwister und ich waren immer überzeugt, dass wir eine schöne, fröhliche Kindheit hatten.

Zwar war nicht so viel Geld da, um in Saus und Braus zu leben, aber es reichte für gutes Essen und anständige Kleidung, die allerdings von einem zum andern vererbt wurde. In dieser Hinsicht war ich natürlich als vorletztes von neun Geschwistern nicht unbedingt zu beneiden, denn bis die Sachen bei mir ankamen, waren sie bereits ziemlich alt, aber so wurde das damals in allen Familien gehandhabt.

Obwohl einer meiner Brüder im Kindesalter starb, bin ich am Ende mit acht Geschwistern aufgewachsen, denn mein sechzehn Jahre älterer Bruder Karl hatte von frühester Kindheit an einen guten Freund, der ein lediges Kind war, das niemand haben wollte und in wenig schönen Verhältnissen auf Gemeindekosten bei einer alten Frau lebte.

Hans hatte ein trauriges Los gehabt. Seine Mutter wollte nichts von ihm wissen, wer sein Vater war, wusste niemand, und offensichtlich gab es auch keine Verwandten – zumindest nicht solche, die an dem armen Kerl interessiert gewesen wären. So war es kein Wunder, dass er gerne zu uns kam, denn auch die alte Frau war nicht in der Lage, ihn so zu betreuen, wie es notwendig gewesen wäre. Vermutlich hatte sie ihn nur wegen des Kostgeldes aufgenommen.

Als dann auch noch die Pflegemutter starb, wandte sich der Bürgermeister an meine Eltern, ob sie den Buben nicht ganz zu sich nehmen könnten, weil er ohnehin viel Zeit bei uns verbrachte, doch mein Vater hatte Bedenken: »Das ist in Ordnung, wenn er stundenweise hier ist, aber die ganze Verantwortung für ihn zu übernehmen …! Wir haben schließlich selber genug Kinder.«

Enttäuscht und ratlos zog der Bürgermeister ab und behielt den Jungen erst einmal bei sich, bis sich ein geeigneter Pflegeplatz fand.

Einige Wochen später kam mein Bruder Karl ganz verstört nach Hause. »So eine Gemeinheit! So eine Unverschämtheit!«, schimpfte er.

»Was ist denn so gemein?«, wollte meine Mutter wissen, die immer ein offenes Ohr für uns Kinder hatte.

»Es kommt ein Wanderzirkus ins Dorf.«

»Na und?«, fragte die Mutter arglos. »Das ist doch etwas sehr Schönes. Deshalb brauchst du dich doch nicht so aufzuregen. Natürlich dürft ihr hingehen.«

»Darum geht es gar nicht«, erklärte der Karl. »Es geht um den Hans.«

»Du willst, dass er auch mitgeht? Meinetwegen, dann bekommt er halt die paar Groschen Eintrittsgeld von uns.«

»Nein, Mutter, das ist es nicht. Der Bürgermeister will …« – Karl war so aufgebracht, dass er die Ungeheuerlichkeit zunächst nicht über die Lippen brachte.

»Was will denn der Bürgermeister?«, forschte meine Mutter weiter.

»Der will …«, machte Karl einen neuen Anlauf. »Der will den Hans dem Zirkus mitgeben!«

Nun war meine Mutter ebenso empört wie ihr Sohn. »Das ist ja ungeheuerlich!«, stieß sie hervor. »Was fällt dem Kerl bloß ein? Nur, um die paar Mark zu sparen, will er das Kind abschieben? Weiß der denn nicht, was er dem Buben damit antut?«

Nach dieser Eröffnung zog sich meine Mutter zu einem kurzen Gespräch unter vier Augen mit meinem Vater zurück, band anschließend ihre Schürze ab, schlang ihr Wolltuch um die Schultern und marschierte mit ihrem Sohn schnurstracks zum Rathaus. Ohne einleitende Worte fuhr sie den verdutzten Bürgermeister an: »Was Sie da vorhaben, ist bodenlos. Ehe wir zulassen, dass der Hans beim Zirkus mitgeht, nehmen lieber wir ihn.«

Von da an gehörte der Hans dazu, ohne Adoption und ohne einen Pfennig Kostgeld, einfach nur so. Er war wie ein leibliches Kind, da wurden keine Unterschiede gemacht. Wir Jüngeren wussten es ohnehin nicht anders, als dass er dazugehörte.

Sobald einer der Buben aus der Schule entlassen wurde, trat er als Bäckerlehrling in Vaters Geschäft ein, die Mädchen halfen der Mutter im Laden neben der Backstube. Da es bei uns üblich war, immer Freunde und Freundinnen mitzubringen, war stets Leben in der Bude, wie man so schön sagt. Manchmal traf sich bei uns die halbe Nachbarschaft, und alle lernten in der Backstube tanzen. Man schob das Mobiliar einfach an die Wand, und los ging's, wobei mein Vater, der Gitarre, Ziehharmonika und Zither spielte, für die Musik sorgte.

Obwohl in gewisser Weise die Backstube für uns ein Wohnraum war, wussten wir doch, dass das Backen wichtiger war als jedes Vergnügen, weil wir schließlich davon lebten. Am Abend wurde der große gemauerte Ofen eingeheizt, und oft begannen der Vater und die Jungs um zwei oder drei Uhr nachts mit dem Backen. Als Erstes schob er die Semmeln in den Ofen, die schnell bei großer Hitze gebacken werden mussten. Dann kam das Brot in den Ofen und ganz zuletzt, wenn nur noch geringe Hitze übrig war, das Kleingebäck, das besonders in der Weihnachtszeit sehr gefragt war.

In den Wochen vor dem Fest liebte ich die Backstube besonders, allein schon wegen des betörenden Dufts nach Zimt, Nelken und Anis, der aus den Schüsseln mit den bereitstehenden Backzutaten strömte. Faszinierend war für mich auch das rege Treiben, das in dieser Zeit herrschte, denn da wurde geknetet, gerührt, geformt, ausgestochen und verziert und natürlich auch genascht. Ein zusätzlicher Spaß waren die Bleche voll weihnachtlichem Backwerk, die die Bauersfrauen brachten und bei denen immer etwas für uns Kinder abfiel.

Da die Schule nicht weit entfernt war von unserem Laden, kamen vor dem Unterricht oder in der Pause oft Schulkinder zu uns, um eine Kleinigkeit zu kaufen. Sie hatten die Auswahl zwischen normalen Semmeln, Mohnsemmeln, Brezen, Zuckerhörndl und Eiweckerl, das war alles.

Der Papa war immer sehr nett zu den Kindern und machte gerne seine Späße mit ihnen. Sie beäugten stets respektvoll seinen beachtlichen Leibesumfang, wagten aber keine Kommentare abzugeben, was sie vermutlich gerne getan hätten. Ein Bäcker hatte einfach dick zu sein – das gehörte damals zum Berufsbild.

Von den frischen Backwaren bekamen wir in der Familie meist nur den Duft mit, gegessen haben wir, was vom Vortag übrig geblieben war. Natürlich bekam ich auch in die Schule irgendein Gebäck mit, das ich meist mit einer Freundin, die Metzgerstochter war, gegen ein ordentliches Wurstbrot tauschte, denn Fleisch und Wurst waren bei uns Raritäten, die es unter der Woche nicht gab.

Die meisten Kinder in unserer Schule waren die Söhne und Töchter von Bauern. Bei ihnen war es üblich, dass sie im Sommer barfüßig herumliefen und im Winter Holzschuhe trugen. Weil diese jedoch beim Gehen laut und vernehmlich klapperten, mussten die Kinder sie gleich beim Betreten des Schulgebäudes ausziehen. Unsere Klasse lag nämlich im ersten Stock einer Klosterschule, und dort war man sehr auf Ruhe bedacht und wollte auf keinen Fall klappernde Schuhe auf den Treppen hören.

Und so standen unten im Gang alle Holzschuhe in Reih und Glied, und die Kinder stiegen in ihren dicken, gefütterten Strümpfen nach oben. Für Kinder, die Lederschuhe besaßen, galt diese Anordnung nicht.

Während einige meiner Geschwister im Sommer barfuß liefen wie die Bauernkinder, mochte ich das gar nicht und ebenso wenig meine Schwester Anni, die sechs Jahre älter war als ich. Deshalb zogen wir im Sommer sogenannte Klapperl an, die aus einer dicken Holzsohle mit Lederriemen bestanden und die wir, weil sie ebenfalls Lärm verursachten, in der Schule ausziehen mussten.

Ich war ein richtiges Gassendirndl, wie man bei uns sagte, denn am liebsten zog ich mit den Buben herum und machte bei ihren wilden Spielen mit. Und verglichen mit Kindern aus der Stadt war ich wohl etwas naiv.

In einem Jahr verbrachte einmal ein etwa gleichaltriges Mädchen aus München die Ferien in unserem Ort und ließ sich gnädig herab, mit uns Dorfkindern zu spielen. Es kam gerade dazu, als ich meiner Freundin erzählte, der Storch habe meiner Tante ein Kind gebracht. »Mei, was seid ihr dumm!«, höhnte die kleine Städterin. »Die Kinder kommen doch nicht vom Storch.«

Dann breitete sie in aller Ausführlichkeit ihr biologisches Wissen über die Entstehung von Kindern aus, aber erstaunlicherweise glaubten wir das einfach nicht und lachten das arme Mädchen aus. Wenn ich mich später an diese Begebenheit erinnert habe, musste ich oft denken, dass wir Dorfkinder es eigentlich hätten besser wissen sollen, denn schließlich drückten wir uns oft genug in den Ställen herum. So viel zum Stand unserer Aufklärung!

Auch wenn ich gerne und viel auf der Straße war, so hatte ich doch eine zweite Leidenschaft, die gar nicht dazu zu passen scheint: das Lesen.

Ich habe alles verschlungen, was mir in die Hände fiel, und mir zu Weihnachten immer Bücher gewünscht. Ein Weihnachten ohne Buch wäre für mich kein richtiges Fest gewesen.

Die älteren Geschwister schimpften manchmal, dass ich verzogen sei, und vermutlich hatte die Mutter bei den jüngeren Kindern einfach nicht mehr die Kraft, konsequent durchzugreifen, und hat uns den größeren Schwestern überlassen, insbesondere der Ulli, die mich auch immer bei den Zöpfen packte, wenn die Unordnung zu groß wurde, mich in mein Zimmer zerrte und aufpasste, dass ich alles ordentlich in den Schrank legte.

Mein Bruder Hans, drei Jahre älter als ich und nur Hansi gerufen, um ihn von dem Pflegebruder zu unterscheiden, hat diese Schwester geradezu gefürchtet, denn sie ging nicht gerade zimperlich mit uns um. Aus irgendeinem Grund hatte sich in Hansis Kopf festgesetzt, dass er später, wenn er erwachsen war, mit seiner ältesten Schwester zusammenwohnen müsse. Lange Zeit litt er angesichts dieser Aussicht still vor sich hin, bis er eines Tages seinem Herzen Luft machte und rief: »Zu der möchte ich gar nie nicht!«

Über diesen Ausspruch haben wir oft lachen müssen, wenn wir Geschwister uns in späteren Jahren getroffen haben. »So viel Angst habe ich gehabt«, pflegte er dann zu sagen. »Weil ich gedacht habe, ich müsste zu der Ulli ziehen.«

Immer habe ich meine Brüder glühend um einen Wagen beneidet, den der Vater für sie beim Stellmacher hatte anfertigen lassen und auf dem mehrere Kinder Platz gehabt hätten. Die Brüder, hauptsächlich der Hansi und der Beppi, beluden ihn jedoch lieber mit Kisten, deckten eine Plane darüber, spannten unseren Schäferhund davor und spielten Zigeuner. Das heißt, sie fuhren mit dem Wagen auf dem Marktplatz herum und stellten sich mit ihren großen Schlapphüten und der alten, ausgefransten und viel zu großen Kleidung zur Schau.

Ich war stets neidisch und verärgert zugleich, weil sie mich nicht mitspielen ließen, aber eines Tages warf ich mich ebenfalls in »Zigeunerkleidung« oder das, was ich dafür hielt, und kletterte in einem günstigen Moment hinten auf den Wagen und ließ mich auf dem Marktplatz umherkutschieren. Dabei fühlte ich mich so stolz wie eine Königin und war meinen Brüdern ausnahmsweise einmal dankbar, weil sie mich nicht verscheuchten.

Eigentlich hatten wir Mädchen es in unserer Familie besser als die Brüder, denn im Gegensatz zu den Gepflogenheiten der damaligen Zeit wurden wir den »Stammhaltern« vorgezogen. Während die Brüder noch auf Strohsäcken schliefen, hatten die Eltern für uns richtige Matratzen gekauft, und auch unsere Schlafkammern, in denen jeweils zwei Mädchen schliefen, waren weniger primitiv und sogar mit einem großen Schrank ausgestattet.

Solchen Luxus hatten die Brüder nicht – sie schliefen zu fünft in einem Raum, mussten alle Sachen an Wandhaken aufhängen und hatten als Ablage nur einen großen Tisch, der in der Mitte stand. Wenn man so will, existierte in unserer Familie eine Zwei-Klassen-Gesellschaft zugunsten der Mädchen.

Unser kleiner Ort war eigentlich ziemlich fortschrittlich, denn man hatte in der Filz ein öffentliches Schwimmbad angelegt. Die Anordnung der Umkleidekabinen jedoch war typisch für die Prüderie der damaligen Zeit – da gab es nämlich Kabinen für die Erwachsenen, an deren Rückseite eine Tür direkt in den Fluss führte, sodass sie sich nicht außerhalb des Wassers in Badekleidung sehen lassen mussten. Meine Freundinnen und ich haben das unendlich bedauert, weil wir zu gerne einen neugierigen Blick riskiert hätten, doch auch nach dem Bad verschwanden die Erwachsenen ungesehen in ihren Kabinen und spazierten fix und fertig angezogen zur Vordertür heraus.

Außer diesen sogenannten Wasserkabinen gab es noch zehn oder zwölf kleine Kabinen, die für die Kinder gedacht waren. Da der Badespaß gerne und häufig wahrgenommen wurde, kauften viele Eltern gleich Familienkarten, die nur fünf Mark pro Jahr kosteten. Obwohl der Eintritt eigentlich preiswert war, gab es Kinder, die sich eine Karte nicht leisten konnten. Sie durften zwar in den Fluss steigen, aber nicht die Kabinen benutzen, und hängten ihre Sachen an den Rückwänden auf, wo Nägel eingeschlagen waren.

Da die Filz normalerweise nicht wirklich zum Schwimmen geeignet war, hatte man sie aufgestaut, wobei trotzdem ein flacher Bereich für Nichtschwimmer erhalten blieb. Ein alter Mann, der schon jenseits der Achtzig war, hatte die Funktion eines Bademeisters übernommen, wenngleich ich nicht recht weiß, ob er im Ernstfall wirklich jemanden hätte retten können. Er war halt einfach da, passte auf und sorgte für Ordnung.

Das Größte an diesem Schwimmbad aber waren die Sprungbretter in verschiedenen Höhen. Ich weiß noch, dass ich mich zunächst nicht traute, vom Zwei-Meter-Brett zu springen und mein Bruder Beppi mich einfach herunterstieß, sodass ich kopfüber ins Wasser fiel. Nachdem ich triefnass und nach Luft schnappend wieder ans Ufer kam, drohte er mir noch zu allem Überfluss: »Wenn du das der Mama erzählst, darfst du nie wieder mit unserem Einrad fahren und überhaupt nicht mehr mit uns spielen!«

Doch nicht nur Brüder können äußerst herzlos sein, auch kleine Mädchen. Manchmal saßen wir, der Hansi, der Beppi und ich, auf dem Marktplatz und betrachteten eingehend die vorübergehenden Leute, wobei uns durch und durch unnette Gedanken durch den Kopf gingen, denn wir taxierten die Passanten daraufhin, wer wohl bald das Zeitliche segnen würde.

Diese makaberen Gespräche hatten natürlich eine Vorgeschichte. Wenn in unserem Dorf ein Mann beerdigt wurde, durfte ein Bub das Kreuz vorneweg tragen, war es dagegen eine Frau, die man zu Grabe trug, ging ein Mädchen mit dem Kreuz voraus – ein Amt, das deshalb so begehrt war, weil das jeweilige Kind anschließend ins Wirtshaus zu Würstl und Limonade eingeladen wurde.

Da es in einem kleinen Ort jedoch nicht jeden Tag eine Beerdigung gab und die Kinder immer gewechselt wurden, konnte es dauern, bis man wieder an der Reihe war, und die Gier nach einem baldigen Leichenschmaus führte zur Musterung möglicher Kandidaten auf dem Marktplatz.

»Schau dir die an, die ist schon alt, die könnte bald

sterben«, sagte ich beispielsweise. »Dann bin ich mit dem Kreuztragen dran.«

»Nein«, widersprach der Hansi. »Der Mann da schaut viel älter aus, der stirbt bestimmt früher, und dann komme ich vor dir dran.«

Wenn ich so zurückdenke, waren diese Leute gar nicht so alt, vielleicht sechzig oder siebzig. Aber uns Kindern kamen sie uralt vor, und vielleicht sahen sie damals auch so aus. Jedenfalls gingen wir so auf in unseren Betrachtungen, dass wir am liebsten den halben Marktflecken hätten sterben lassen. Ein schlechtes Gewissen hatten wir überhaupt nicht.

Natürlich bestand meine Kindheit nicht nur aus Spiel. Wie alle anderen wurde auch ich schon früh herangezogen und mit der Auslieferung von Backwaren betraut. Schon in aller Herrgottsfrühe musste ich Leuten wie dem Lehrer, dem Pfarrer und dem Doktor täglich sein Brot bringen und samstags die Semmeln.

Dazu hatte ich ein kleines Holzgestell auf dem Rücken, das wir Kraxn nannten und in das alles sorgfältig gepackt wurde, damit es unversehrt beim Empfänger ankam. Unter der Woche legte ich mein Backwerk in den vor der Haustür bereitstehenden Korb, und samstags wurde kassiert. Einigen Leuten musste ich morgens auch frische Milch bringen, die ich zuvor im Krämerladen gekauft hatte, der seinerseits bei uns eine gewisse Anzahl von Semmeln zum Weiterverkauf abnahm.

Als ich mit vierzehn aus der Schule entlassen wurde, hätte ich eigentlich wie meine älteren Schwester, die Ulli und die Anni, auf eine von Ordensschwestern geführte Haushaltungsschule gehen sollen. Aber 1940 existierte dieses Institut nicht mehr, denn die Nazis hatten sie wie viele andere ähnliche Einrichtungen verstaatlicht.

Für meine streng katholischen Eltern war es jedoch undenkbar, dass ich eine Schule besuchte, in der man den Kirchenbesuch untersagte oder zumindest erschwerte. Stattdessen ging ich jetzt regelmäßig in ein Kloster, wo ich Privatstunden in Maschinenschreiben und Stenografie erhielt, und machte später zunächst in unserer Bäckerei eine Lehre als Verkäuferin und schaute mich anschließend in anderen Betrieben um, wobei es mich sogar bis Landshut verschlug, was damals als ziemliche Entfernung galt.

Als Einziger von meinen Geschwistern wollte mein Bruder Beppi mit der Bäckerei nichts zu tun haben, sondern zog es vor, Zahntechniker zu werden. Als er nach Abschluss seiner Lehre keine Anstellung fand, nahm er seine Zither und ging auf die Walz, denn er hatte die Musikalität des Vaters geerbt und konnte ein Instrument ohne Notenkenntnis spielen.

Während er sich im Sommer vor allem mit allerlei

Aushilfsarbeiten in der Landwirtschaft über Wasser hielt, lebte er im Winter überwiegend vom Musizieren. Obwohl ihm dieses Leben eigentlich gefiel, beschloss er nach einem Jahr, es doch mit einem bürgerlichen Beruf zu versuchen, und ergriff eine Chance, die sich im rheinland-pfälzischen Zweibrücken bot, wo man Bewerber für die Polizei suchte.

In dieser Stadt fand der Beppi auch die Frau fürs Leben, doch als er sie im August 1939 heiratete, stand der Krieg vor der Tür, und er hatte bereits den Gestellungsbefehl in der Tasche, was er jedoch den Eltern und Verwandten verschwieg, denn der lustige Beppi wollte keine traurige Hochzeit.

Die Trauung fand in unserer Pfarrkirche statt, und nach einer großen, fröhlichen Feier ging das junge Paar mit dem Fahrrad auf »Hochzeitsreise«, das heißt, sie unternahmen jeden Tag einen Ausflug in der Umgebung und kehrten abends ins Elterhaus zurück. Drei Tage nach der Hochzeit erhielt mein Bruder ein Telegramm mit der Aufforderung, sofort einzurücken, und da er wusste, was die Glocken geschlagen hatten, ließ er seine Frau bei uns zurück – Zweibrücken erschien ihm zu unsicher, weil es so dicht am Westwall lag und dort Truppen zusammengezogen werden würden. Als dann am 1. September wirklich der Krieg begann, fragte mein Bruder brieflich an, ob seine Schwiegermutter samt Schwester und insgesamt fünf Kindern nicht auch zu uns kommen könnte. Obwohl mein Vater eindeutig mit Nein antwortete, stand eines schönen Tages die ganze Sippe mit Koffern vor unserer Tür, und nun war guter Rat teuer.

Fortschicken konnten und wollten wir sie nicht, aber sie bei uns unterzubringen, war ebenfalls nicht möglich. Mein Vater fand schließlich eine Lösung: Zwar sollten alle bei uns verpflegt werden, aber zum Übernachten wurden die fünf Frauen und Mädchen im Nachbarhaus einquartiert, während die beiden Jungen im Bubenzimmer untergebracht wurden, wo durch die Einberufungen der älteren Brüder inzwischen Platz war.

Im Übrigen ging das Zusammenleben sehr reibungslos vonstatten – vermutlich nur deshalb, weil die beiden Frauen so ruhig waren, denn im Vergleich zu ihnen war meine Mama ein Vulkan. Auch wir Kinder haben diese Zeit genossen, denn für uns war es ausgesprochen lustig, dass mit einem Mal so viele junge Leute bei uns lebten.

Fast ein ganzes Jahr lang blieben sie, dann kehrten die Frauen und Kinder nach Zweibrücken zurück, weil die Gegend nach der Besetzung Frankreichs kein militärisches Sperr- und Aufmarschgebiet mehr war.

Den Beppi haben wir nicht mehr wiedergesehen, denn er fiel im zweiten Kriegsjahr.

Unsere heile Welt war endgültig zusammengebrochen, zumal auch die anderen Brüder nach und nach hatten einrücken müssen. Mal schrieb der eine sechs

Wochen lang nicht, mal der andere, und man sah jedem neuen Tag mit Zittern und Bangen entgegen. Kam endlich eine Nachricht, atmete man auf, aber meist wartete man zu diesem Zeitpunkt schon längst auf ein Lebenszeichen vom Nächsten.

Meine Freundinnen und ich haben damals an unbekannte Soldaten geschrieben, die keine Angehörigen hatten. Wir sollten ein bisschen Freude in ihren gefährlichen Alltag bringen, hieß es in einem Aufruf. Zur Weihnachtszeit oder zum Geburtstag haben wir sogar ein Päckchen geschickt mit Kleinigkeiten, von denen wir annahmen, dass sie Freude bereiteten.

Einmal haben meine Eltern einen der Soldaten zu Weihnachten eingeladen, weil er mutterseelenallein auf der Welt war, doch nach seinem Aufenthalt bei uns habe ich nie wieder von ihm gehört.

Da inzwischen all unsere Buben eingezogen worden waren, mussten wir Mädchen auch in der Backstube fleißig helfen. Wir begannen jetzt auch, Kuchen zu backen, was wir vor dem Krieg nicht getan hatten, wenn man von einem Hefezopf oder Hefekranz absieht.

In Zweibrücken aber, wo Beppis Frau herstammte, war es üblich, große Blechkuchen mit verschiedenem Obst sowie kleine runde Obsttorten zu backen, und die Einquartierung aus Rheinland-Pfalz hatte uns die Rezepte verraten. So wurde das Repertoire unserer

Backwaren durch eine Palette von Obstkuchen bereichert.

Allerdings hatte meine Mutter schon immer, auch als ich noch ganz klein war, zur Heidelbeerzeit eine Art Kuchen gebacken, dessen Rezept vermutlich aus ihrer Heimat Dorfen stammte. Auf den gebackenen Teig kam eine weiße Schicht, vermutlich Quark, und darauf die rohen Heidelbeeren. Dieses Gericht gab es gelegentlich als Nachtessen, und ich erinnere mich lebhaft, dass wir Kinder es liebten. Aber es war natürlich völlig anders als die späteren gebackenen Obstkuchen.

Neben der Arbeit in der Backstube und im Laden blieb nicht viel Zeit für anderes, und so war es für mich ein Erlebnis, als ich mit fünfzehn Jahren die Gelegenheit erhielt, nach München zu fahren. Eine Freundin hatte mir bereits Wunderdinge erzählt: »Stell dir vor, in München gibt es Läden, da wirst du nicht von einer Verkäuferin bedient, da kannst du dir das Zeug selber nehmen.« Damals hatte ich ihr nicht geglaubt, aber jetzt konnte ich mich mit eigenen Augen überzeugen.

Mit sechzehn machte ich mit zwei Schwestern eine Reise nach Landau in der Pfalz, was mir so weit vorkam, als wenn heute einer nach Amerika fährt. Allerdings handelte es sich keineswegs um eine Vergnügungsfahrt, sondern um einen Ernteeinsatz, denn wir halfen dort in einem Klostergut bei der Weinlese. Geld bekamen wir zwar für unsere Arbeit nicht, wohl aber Zucker, der für uns mehr wert war als Geld, denn eine Bäckerei war ohne Zucker aufgeschmissen.

Damals waren Lebensmittel bereits streng rationiert, doch Weinbergsbesitzer bekamen selbst in der schlechtesten Zeit stets eine bestimmte Zuckermenge zugeteilt. Drei Jahre nacheinander sind wir in die Pfalz zur Weinlese gefahren, bis der Krieg zu Ende war und wir überall vor den Scherben standen. Aber bald begann das Leben sich zu normalisieren, und auch für mich taten sich neue Perspektiven auf.

Nachdem ich eine Weile felsenfest davon überzeugt gewesen war, nirgendwo anders als in einer Bäckerei zu leben und zu arbeiten, kam es mir mit einem Mal in den Sinn, ins Hotelfach zu wechseln. Also bewarb ich mich und fand auch gleich eine Stelle in einem renommierten Münchner Hotel, wo ich alle Bereiche durchlief.

Um auch andere Betriebe kennenzulernen, wechselte ich anschließend in ein Hotel nach Reit im Winkl, und da der Winter vor der Tür stand, blieb es nicht aus, dass ich mit dem Skifahren begann und mit ein paar netten Kolleginnen zur Winklmoosalm hinauffuhr.

Einmal, als wir wieder an der Liftstation anstanden, suchte ich hektisch in den Taschen meines Anoraks nach einem Taschentuch und fand keines. Ein junger Mann, der hinter mir stand, hatte meine Verlegenheit offenbar bemerkt, denn er tippte mich an und reichte mir seins. »Nehmen Sie halt das meine, Fräulein.« Dankbar schaute ich ihn an, und was ich sah, gefiel mir, und ich ließ mich ohne Zögern abends zum Tanz überreden.

Es blieb nicht bei diesem einen Mal, und mit jeder Verabredung gefiel mir der Taschentuchkavalier besser. Ja, er gefiel mir so gut, dass ich längst vergessen hatte, dass ich eigentlich nach einem Bäcker Ausschau halten wollte. Nachdem er um meine Hand angehalten hatte, fragte ich: »Was bist du eigentlich von Beruf?«

»Bäcker«, antwortete er. Da war mein Glück vollkommen, denn für den Rest meines Lebens würde ich in eine Backstube zurückkehren.

Die Grenzgängerin

Anna, Jahrgang 1923, aus Waidring/Tirol

Mein Zuhause war typisch für das damalige Leben auf dem Land. Obwohl meine Eltern nur eine kleine Landwirtschaft besaßen, bekamen sie acht Kinder, von denen jedoch nur fünf am Leben blieben. Ich war die Dritte in der Geschwisterreihe. Um seine Familie ernähren zu können, musste mein Vater nebenbei noch arbeiten gehen, half im Winter etwa in der Gemeinde beim Schneeräumen und verdingte sich im Sommer als Aushilfe bei einem Großbauern.

Weil das Geld trotzdem hinten und vorne nicht reichte, hat man uns Kinder früh eingespannt. So ging ich schon als kleines Mädchen zu einem benachbarten Hof, um bei der Heuernte zu helfen, wobei es meine Aufgabe war, das Pferd am Zügel zu halten, während das Heu aufgeladen wurde, und es dann zum nächsten Heuhaufen zu führen. Einmal hat mich ein Pferd dabei getreten, weil es versuchte, die lästigen Stechfliegen zu vertreiben.

Trotzdem ging ich weiterhin gern zu den Nachbarn, denn dort gab es immer gutes und reichliches Essen, von dem ich so viel verdrücken konnte, wie ich schaffte, während wir zu Hause sehr kurz gehalten wurden. Baten wir einmal um ein zweites Butterbrot, stellte die Mutter eine Schüssel vor uns auf den Tisch, in der Malzkaffee mit altem eingebrockten Brot war, und sagte: »Wenn ihr Hunger habt, dann fischt die Brocken heraus.«

Für meinen Geschmack aber war das widerlich, und ich verzichtete auf diese Zugabe – lieber blieb ich hungrig.

Umso mehr genoss ich es, wenn ich wieder zum Bergbauern konnte, wo es keine Kinder gab und alle mich ein bisschen verwöhnten. Bei denen bekam ich Butterbrote, so viel ich wollte. »Iss nur!«, ermunterte die Bäuerin mich immer wieder und hatte ihre Freude daran, wenn es mir schmeckte. Auch in dem großen Obstgarten mit Äpfeln, Birnen und Zwetschgen durfte ich mich bedienen, und oft sagte die Bäuerin zu mir: »Heb dir halt auf, was du magst.« So habe ich mich an Ort und Stelle satt gegessen und überdies noch eine volle Schürze nach Hause mitgenommen, damit die anderen auch etwas abbekamen.

Während es der Burgi, unserer Ältesten, nach einer Woche wieder besser ging, verschlechterte sich bei mir und der Resi der Zustand, und eines Tages hörte ich, wie die Mama den Arzt fragte: »Soll ich den Pfarrer rufen?«

»Ja, das wäre besser«, war seine Antwort.

Der Geistliche spendete zuerst Resi die Letzte Ölung und trat dann an mein Bett. Mir wurde angst und bange, und zaghaft fragte ich: »Muss ich jetzt sterben, weil ich die Letzte Ölung bekomme?«

»Nein«, antwortete er. »Sterben brauchst du deswegen nicht. Wir geben die Krankensalbung, weil sie eine Hilfe sein kann im Kampf gegen die Krankheit. Es hat schon genug Leute gegeben, die nach der Letzten Ölung wieder ganz gesund geworden sind. Deshalb sollte man auch nicht von einer ›Letzten Ölung‹, sondern von einer ›Heiligen Ölung‹ sprechen.«

Da seine Worte mich beruhigt hatten, ließ ich die Salbung widerspruchslos über mich ergehen und freute mich, als es mir am nächsten Tag besserging. Wahrscheinlich hatte ich das jedoch eher meiner robusten Konstitution zu verdanken – ein Glück, das die zarte Resi nicht hatte, denn sie starb wenige Stunden nach der Salbung.

Sobald es mir besserging, bin ich wieder zu den netten Bauern gegangen, wo die nahrhafte Verpflegung mit Sicherheit ebenfalls zu meiner völligen Genesung beitrug.

Auch Verwandte, die in der Nähe wohnten, besuchte ich in dieser Zeit einmal, um dort auf ein Kleinkind aufzupassen. Eines Tages nun sollte ich mit dem Kind ins Schulhaus zur Pockenimpfung und sagte etwas wichtigtuerisch zu dem Arzt: »Ich wüsste nicht, dass ich geimpft worden bin.« Daraufhin schaute der Doktor sich meine Oberarme an, entdeckte keine Impfnarben und sagte: »Dann impfen wir dich gleich mit.« Ehe ich mich recht versah, war ich gegen Pocken geimpft, ohne dass irgendjemand um Erlaubnis gefragt worden wäre.

Von meiner Schulzeit weiß ich nicht mehr viel, außer dass wir vor dem Unterricht jeden Morgen um halb acht in die Kirche gehen mussten und dass der Unterricht bis zwei Uhr dauerte, allerdings mit einer Mittagspause, in der wir essen und spielen konnten.

Da diese aber zu kurz war, um den weiten Weg nach Hause zu gehen, nahmen meine Geschwister und ich das Essen mit und ließen es bei einer Frau, die neben der Schule wohnte, aufwärmen. Das machten auch andere Kinder so. Eine Zeit lang mussten wir kein Essen mitnehmen, weil wir eine Schulspeisung erhielten, die von den Frauen des Dorfes gekocht und an uns Kinder ausgeteilt wurde. Wann genau das war und wer das bezahlt hat, weiß ich nicht mehr.

Wo wir auch aßen, ob in der Schule oder bei der Frau – immer beeilten wir uns mit dem Essen, um noch spielen zu können. Das bevorzugte Spiel von uns Mädchen hieß »Hexe«. Eine von uns war die Hexe und musste die anderen fangen, die wild auf dem Schulhof herumliefen. Hatte die Hexe eine gefangen, sperrte sie das Opfer in den leerstehenden Hühnerstall.

Wenn alle drin waren, wurde abgezählt, wer die nächste Hexe war, und das Spiel fing von vorne an. Es kam allerdings gelegentlich vor, dass am Ende der Pause ein oder zwei Mädchen im Hühnerstall vergessen und erst vermisst wurden, wenn der Lehrer sich über ihre Abwesenheit wunderte.

Das Hexespiel betrieben wir sogar noch in der letzten Klasse, ja selbst in der letzten Woche vor unserer Schulentlassung. Zwei andere und ich saßen gerade gefangen im »Käfig«, als eine von ihnen abgrundtief seufzte: »Mei, jetzt dürfte ich nach Reit im Winkl gehen und kann nicht, weil ich so ein schlechtes Zeugnis kriege.«

In diesem Jahr war eingeführt worden, dass jemand, der einige Vierer – damals die schlechteste Note – im Zeugnis hatte, noch ein weiteres Jahr zur Schule gehen musste. Sofort witterte ich meine Chance. »Ja, Anna, wenn du nicht gehen kannst, könnte ich doch statt deiner gehen. Der Name passt doch.« Sie hieß nämlich haargenau wie ich: Anna Brunner. Die andere Anna nickte ergeben.

Fest entschlossen, ihre Stelle einzunehmen, stellte ich keine weiteren Fragen mehr, um den Handel nicht zu gefährden. Völlig aufgeregt kam ich daheim an und platzte heraus: »Du, Mama, ich kann nach Reit im Winkl gehen.« Meine Mutter verstand gar nichts, bis ich ihr die Sache erklärte. »Ja, Dirndl, nach Reit im Winkl! Wie magst denn da hinkommen? Das liegt doch auf der anderen Seite von der Grenze«, wandte sie besorgt ein.

»Ach, Mama, das ist doch kein Problem«, äußerte ich voller Optimismus. »Da brauche ich nur einen Pass, und dann kann ich rüber.«

»Ja, aber wenn du dort bist, und die machen die Grenze zu, dann kommst nimmer heim«, jammerte sie. Wir hatten nämlich das Jahr 1937, und es wurde schon viel geredet über einen Anschluss Österreichs ans Dritte Reich, aber damals wusste man nicht, ob es nicht auch ganz anders ausgehen könnte.

Trotz ihrer Bedenken gab die Mutter nach und bot sich sogar an, die Adresse vom künftigen Arbeitgeber der anderen Anna herauszufinden, wonach ich im ersten Eifer zu fragen vergessen hatte. Dann schrieb ich, unter Mithilfe meiner Mutter, den ersten Brief meines Lebens:

»Ich bin die Tochter vom Brunner Josef und der Hauser Kathi aus Waidring. Da die andere Anna Brunner noch ein Jahr in die Schule gehen muss, würde ich halt gerne an ihrer Stelle kommen. Es würde mich sehr freuen, in Reit im Winkl zu arbeiten.«

Der Antwortbrief war so schnell da, dass ich mich nur wunderte. Die Bäuerin schrieb in begeisterten Worten, ich solle sogleich kommen und meine Mutter mitbringen. Sie wisse genau, wer ich sei. Während des Krieges – sie meinte den Ersten Weltkrieg – sei sie mit meiner Mutter zusammen auf der Alm gewesen, sie auf der deutschen Winklmoos und die Mama jenseits der Grenze auf der Möser-Alm. Über den Grenzzaun hinweg hätten sie sich immer unterhalten. Sie sei so glücklich, die Tochter ihrer früheren Bekannten bei sich aufnehmen zu dürfen. Sie habe schon alles in die Wege geleitet, damit ich bei ihnen arbeiten dürfe.

Auch meine Mama war überglücklich, als sie den Brief gelesen hatte, und war jetzt endgültig damit einverstanden, dass ich nach Reit im Winkl ging. Außerdem freute sie sich, nach so langer Zeit wieder von der Hanni zu hören, die es offensichtlich in ihrer Ehe sehr gut angetroffen hatte.

Sobald Aufenthaltsbescheinigung und Arbeitsgenehmigung eingetroffen waren, fuhren die Mutter und ich mit dem Rad nach Kitzbühel, um für mich einen Pass ausstellen zu lassen. Gleich am Tag darauf ging es dann nach Reit im Winkl, wo die Hanni uns schon ganz ungeduldig erwartete und erst einmal meiner Mutter um den Hals fiel. Das war vielleicht ein Hallo, als sich die beiden wiedersahen!

Am nächsten Tag fing dann der Ernst des Lebens für mich in dem neuen Haushalt an. Morgens um fünf musste ich aufstehen und als Erstes Schuhe putzen – Unmengen von Schuhen, denn hier gab es nicht nur die Familienmitglieder, sondern eine ganze Reihe von Knechten und Mägden und zudem einige Angestellte des zum Familienbesitz gehörenden Sägewerks, die im Haus lebten. All diese Schuhe zu putzen, war Knochenarbeit, denn die schlammigen Felder und die unbefestigten Straßen hinterließen dicke Krusten unter den Sohlen und auf dem Leder.

Zu diesem Zeitpunkt war ich dreizehneinhalb und arm wie eine Kirchenmaus. Meine ganze Habe hätte in eine kleine Schachtel gepasst. Meine Leibwäsche bestand aus zwei Unterhosen, gerade so viel, dass ich wechseln konnte, und einem Unterhemd, das ich in der Schule genäht hatte und das jede Woche gewaschen wurde.

Bei der Wäsche im Haus half ich übrigens ebenfalls mit, doch die Hauptarbeit machte die Zenzi, die schon lange hier im Haus lebte. Sie war die Tante von der anderen Anna, die eigentlich diese Stelle hätte bekommen sollen, denn die Hanni war der Meinung, dass die Mädchen aus Tirol besonders bescheiden, fleißig und folgsam waren.

Deshalb hatte die Zenzi ihr die Anna vermittelt, doch sie nahm es mir in keiner Weise übel, dass ich die Stelle ihrer Nichte eingenommen hatte. Vielmehr war sie ausgesprochen nett zu mir und hat mich in allem angelernt, was man in einem großen Haushalt wie diesem können und wissen muss.

Besonders die Hanni war froh, dass ich da war, und hat alles getan, dass es mir gutging. Zum Frühstück hat sie mir anfangs drei Scheiben Brot hergerichtet, dick mit Butter bestrichen, bis ich mich dagegen wehrte: »Nein, Bäuerin, das schaffe ich nicht. Drei Butterbrote kann ich nicht essen, eines langt mir. Und der Kaffee ist mir auch zu viel. Den kann ich nicht austrinken.« Das war nämlich eine große Tasse, von der ich gerade einmal die Hälfte schaffte.

Die Bäuerin konnte es gar nicht glauben, dass ich mit dem bisschen, was ich aß, bei Kräften blieb, aber im Gegensatz zu früher hatte ich wirklich keinen so großen Hunger mehr. Nach dem Mittagessen war es meine Aufgabe, abzuspülen, und da sagte die Hanni oft zu mir: »Anna, wenn du fertig bist, kannst du dich ein bisserl hinlegen, ich werde dich rechtzeitig wecken.«

Mutters Befürchtungen hinsichtlich der Grenze erwiesen sich als unnötig, denn ein Jahr später marschierten deutsche Truppen in Österreich ein, und das Land wurde ein Teil des Deutschen Reichs, was bestimmt nicht jedem gefallen hat, aber für unsere spezielle Situation war es ausgesprochen günstig, dass es überhaupt keine Grenze mehr gab und wir nach Lust und Laune hinüber und herüber konnten.

Ich hatte es sehr gut in Reit im Winkl und bekam neben Kost und Logis auch Lohn – im Sommer zehn Mark, im Winter fünf, weil da weniger Arbeit anfiel. In manchem Monat habe ich nicht einmal zehn Pfennig davon ausgegeben. Wofür auch? Es wurde ja rundum für mich gesorgt. Andere Mädchen kauften sich von ihrem Geld Süßigkeiten oder Gebäck, aber ich habe das Geld lieber nach Hause geschickt, wo die Mutter es für mich aufgespart hat.

Mit der Zeit stieg mein Lohn sogar. Gegen Ende meines Aufenthaltes waren es vierzig Mark, die ich im Monat bekam. Manchmal habe ich etwas für Strickwolle oder Nähutensilien ausgegeben. Ich erinnere mich gut, dass ich einmal für Socken zwei Stränge Wolle kaufen wollte und die Frau in dem Geschäft mir riet: »Ach, kauf doch den ganzen Packen, bevor es nichts mehr zu kaufen gibt.« »Nein«, lehnte ich ab. »Das wäre mir viel zu teuer.« Ich hätte besser den Rat der Verkäuferin befolgt und die Wolle gekauft, denn bald brach der Zweite Weltkrieg aus, und es gab kaum mehr etwas zu kaufen.

In meiner Jugend hat man viel gestrickt: Strümpfe, Socken, Handschuhe, Mützen, Schals und natürlich Westen. Außer dass ich mir alles selbst strickte, habe ich meine Sachen auch selbst geflickt. In Reit im Winkl lernte ich, dafür die Nähmaschine zu benutzen, und manchmal habe ich sogar ein paar einfache Dinge genäht, obwohl ich es nie richtig gelernt hatte.

Bald wurde es mit dem Nähen jedoch schwierig, weil es keine Stoffe mehr zu kaufen gab, zumindest nicht so ohne weiteres. Alles ging nämlich nur noch auf Karten, und man musste warten, bis man genug Punkte beisammen hatte, die einem jeden Monat zugeteilt wurden. So konnte ich mir nach langem Warten einmal einen Stoff für einen Faltenrock und für eine Trägerschürze kaufen und war überglücklich, als die Stücke dann auch noch gut gelangen.

Während ich in den ersten Jahren in Reit im Winkl nur im Haushalt gearbeitet hatte, wurde ich später auch bei der Feldarbeit und im Stall eingesetzt. Liebend gerne wäre ich im Sommer mit einer von Hannis Töchtern auf die Alm gegangen, aber der vorsichtigen Bäuerin schien das zu gefährlich.

»Mei, Deandl«, seufzte sie. »Ihr zwei allein auf der Alm! Das kann ich nicht verantworten.« Sie hat es dann vorgezogen, selbst mit ihrer Tochter den Sommer auf der Alm zu verbringen.

Ich nahm stattdessen an einem Melkkurs teil, der gerade im Dorf angeboten wurde und zu dem sich eine ganze Reihe junger Leute, Burschen wie Mädchen, angemeldet hatten.

Dieser Kurs war für mich in doppelter Hinsicht nützlich, denn ich lernte nicht nur zu melken, sondern schloss auch Bekanntschaft mit den Jugendlichen des Orts. Leider brach zu den meisten der Kontakt bald ab, weil sie eingezogen wurden, doch einer war dabei, der wegen einer leichten Gehbehinderung, die von einer Kinderlähmung zurückgeblieben war, nicht in den Krieg musste und der zu meinem Glück sehr, sehr nett war.

Mit der Zeit kamen wir uns näher und unternahmen am Samstag, wenn ich frei hatte, einen Spaziergang oder stiegen zu den Almen hinauf. Ich schaute bei dieser Gelegenheit nach der Hanni, die den Sommer über mit der Tochter auf der Alm war, und der Hans konnte seinen Großvater besuchen, der dort oben ebenfalls eine Alm besaß. Einmal blieben wir sogar über Nacht – natürlich jeder in seiner Hütte – und stiegen erst am Morgen hinab, um zu unserer Arbeit zurückzukehren.

Bald kamen wir überein, dass wir heiraten wollten, sobald der Krieg zu Ende war. Weil wir aber unbedingt eine große Feier mit allem Drum und Dran wollten, mussten wir noch länger warten, denn im ersten Nachkriegsjahr gab es rein gar nichts zu kaufen.

Überdies wurde ich jetzt wirklich zur Grenzgängerin, denn nachdem es aus war mit dem Großdeutschen Reich, wurden wieder Grenzkontrollen zwischen Österreich und Deutschland eingeführt, und ich musste meine Habe, die sich noch im Elternhaus befand, Stück für Stück nach Reit im Winkl schmuggeln, wobei ich den Zöllnern von meinem Rad aus immer freundlich zugewinkt und gebetet habe, dass sie keinen Verdacht schöpften.

Als wir endlich alles einigermaßen geregelt hatten und die Hochzeit festsetzen konnten, händigte meine Mutter mir das Geld aus, das sie für mich aufgespart hatte – immerhin waren einige Tausend Mark im Laufe der Jahre zusammengekommen, von denen ein Teil natürlich für die Hochzeit verwendet wurde, doch den anderen nahmen wir her, um uns ein schönes Wohnzimmer aus Lärchenholz schreinern zu lassen. Wie sich zwei Jahre später herausstellte, war das eine hervorragende Idee gewesen, denn durch die Währungsreform wurden alle Ersparnisse völlig wertlos.

Mehr an Möbeln brauchten wir nicht, denn das Elternhaus von Hans, in das wir einziehen würden, war komplett möbliert. Überdies sorgten die fünfhundert Hochzeitsgäste dafür, dass man alles zusammenbekam, was man so brauchte. Da es zu jener Zeit nichts zu kaufen gab, hatten die meisten Gäste ihre eigenen Schränke geplündert oder Tauschgeschäfte gemacht und schenkten uns, was für sie entbehrlich oder was auf dem Schwarzmarkt zu bekommen war: Geschirr, Besteck, Töpfe, Pfannen, Bettwäsche, Handtücher, ein Bügeleisen und vieles andere mehr.

Auch an mein Brautkleid kam ich nur durch Beziehungen, und es wurde – man glaubt es kaum – mit Butter bezahlt, der wunderschöne Trachtenstoff aus der Vorkriegszeit ebenso wie die Arbeit der Schneiderin. Auch den Trachtenanzug des Bräutigams haben wir auf diese Weise erstanden, während ich die Schuhe regulär auf Bezugsschein kaufen konnte.

Bei einer großen Bauernhochzeit war es üblich, dass man in zwei benachbarten Gasthäusern feierte, weil es die Organisation erleichterte. War eine Mahlzeit beendet, zog die ganze Hochzeitsgesellschaft ab, und das Personal konnte in Ruhe abräumen und für die nächste Mahlzeit eindecken. Beiden Wirten mussten wir übrigens Butter, Mehl, Eier und Fleisch liefern und ebenso dem Bäcker die Zutaten für die Kuchen.

Das alles übernahmen meine Schwiegereltern, weil aus Österreich legal nichts herausgebracht werden durfte. Hätten wir das alles auch noch schmuggeln wollen, hätten wir Jahre gebraucht.

Schlimmer war, dass meine Familie nicht an der Hochzeit teilnehmen konnte, weil sie keinen Passierschein für den Grenzübertritt bekommen hatte – so war das damals, als Deutschland und Österreich als besetzte Länder unter alliierter Militärverwaltung standen. Ein paar jüngere Familienmitglieder stellten erst gar keinen Antrag, sondern beschlossen gleich, sich über die »Grüne Grenze« zu schleichen.

Auch meine Mutter, die Angst hatte, an meinem Ehrentag nicht dabei sein zu können, wählte diesen Weg. In Arbeitskleidung stieg sie auf die Alm und überquerte ohne Problem die Grenze. Ich hatte ihr inzwischen von einer Nachbarin eine Tracht ausgeborgt, in der sie eine würdige Brautmutter abgeben konnte.

Am Hochzeitsmorgen half mir eine der Töchter des Hauses beim Anlegen des Brautstaates, während eine Friseuse meine Zöpfe flocht und sie zu einer besonders kunstvollen Gretlfrisur aufsteckte. Das Kränzchen aus künstlichen Myrten mit winzigen weißen Blüten dagegen nahm sich eher bescheiden aus, doch es war das Beste gewesen, was wir hatten auftreiben können.

Als alle in ihrem Festgewand steckten, bestiegen wir die Autos, die im Hof bereitstanden – mein Bauer hatte wirklich alles, was es an Autos im Dorf gab, aufgetrieben. Wehmütig schaute ich zurück, als wir losfuhren, denn obwohl ich mich auf das Leben an der Seite von Hans freute, nahm ich schweren Herzens Abschied von diesem Haus, das mir in den vergangenen zehn Jahren zur Heimat geworden war.

Aber jetzt galt es, nach vorne zu schauen und sich ganz auf die verschiedenen Stationen einer großen Bauernhochzeit zu konzentrieren. Nachdem wir beim Unterwirt die Morgensuppe eingenommen hatten, zog die Hochzeitsgesellschaft mit Blasmusik zur Kirche, die bis auf den letzten Platz besetzt war. Mäuschenstill war es, als wir uns das Jawort gaben. In diesem Moment flossen dann doch ein paar Tränen, weil ich daran denken musste, dass mein Vater und meine Schwestern nicht dabei sein konnten – nur mein Bruder, der seit einigen Jahren in Deutschland lebte, war anwesend.

Nach dem Brautamt ging es mit Blasmusik zum Oberwirt, wo das Mittagsmahl auf uns wartete.

Zum Kaffeetrinken wechselte die ganze Gesellschaft

erneut zum Unterwirt, wo zum Tanz aufgespielt wurde, und bei dieser Gelegenheit merkte man schmerzlich, welche Lücken der Krieg in die Reihen der jungen Männer gerissen hatte.

Mitten im Gedränge auf der Tanzfläche packte mich plötzlich einer der Burschen, zerrte mich aus dem Saal und brachte mich in einem Auto zu einem Wirtshaus am Rand des Ortes. Was hier stattfand, war die Entführung der Braut, die ein wichtiger Bestandteil jeder Hochzeit war und teilweise auch noch ist.

Sobald nämlich der Bräutigam entdeckte, dass ihm das Wichtigste des Tages abhandengekommen war, musste er sich auf die Suche machen – meist jedoch nicht, ohne einen Hinweis zu bekommen. Schließlich war es Sinn der Sache, dass der Bräutigam schnell auftauchte und für die Entführer eine oder auch mehrere Runden ausgab. Bei meiner Hochzeit war es nicht anders. Wir saßen eine ganze Weile alle lustig plaudernd zusammen, bis wir feststellten, dass inzwischen im Oberwirt bereits das Abendessen wartete.

Aus der Kaiserzeit

Brigitte, Jahrgang 1912, aus Bad Kreuznach

Als ich geboren wurde, konnte sich kaum jemand vorstellen, dass es jemals zu Ende sein würde mit dem Kaiserreich, denn Wilhelm II. setzte gerade alles daran, Deutschland einen Platz an der Sonne zu sichern, doch er rasselte auch kräftig mit den Säbeln und führte sein Reich mit Hurra in den Ersten Weltkrieg. Die Jahre vorher jedoch freuten sich die Untertanen noch über Deutschlands neue Größe und waren stolz, dass man jetzt Kolonien und eine Flotte hatte, wie sich das für eine ordentliche Großmacht gehörte.

Als kleines Mädchen fand ich es schrecklich aufregend, dass ich den Kaiser und die Kaiserin einige Male mit eigenen Augen gesehen hatte, denn während des Krieges befand sich in Bad Kreuznach das Hauptquartier der Heeresleitung, weil es von hier aus nicht weit war zu den Kriegsschauplätzen in Frankreich. Aus der Ferne hatte ich auch einen Blick auf den kaiserlichen Sonderzug werfen können, der mit Salons, Schlafräumen und einer Küche ausgestattet war. Wir erfuhren, dass die Waggons beinahe so prachtvoll wären wie ein Schloss und dass in der Küche alles so glänzte von Kupfer, Messing und Nickel – zumindest erzählten das jene Leute, die den Zug hatten betreten dürfen.

Zu diesem Zeitpunkt war vom langen Kriegführen die Staatskasse längst leer, und den Menschen wurde eingeredet, ihr Erspartes in Kriegsanleihen anzulegen, womit man die finanzielle Misere beheben und Mittel für die Fortführung des Krieges bereitstellen wollte. Auch sämtliche Edelmetalle sollten für das Vaterland abgegeben werden, was mich als kleines Mädchen ungemein empörte.

Warum gab eigentlich der Kaiser nicht erst einmal all die Gerätschaften aus Kupfer und Messing in seiner rollenden Küche ab, dachte ich damals, als ich sah, wie meine Eltern alles opferten: Töpfe, Wasserkessel, das schöne Wasserschiff vom Herd.

Als man sogar anfing, den Leuten ihre Trauringe abzuschwatzen unter dem Motto: Eisen gegen Gold, hat mein Vater gestreikt, und sein Kommentar ist mir noch lebhaft in Erinnerung: »Meinen Trauring kriegt er nicht. Solange der Kaiser in seiner Küche noch Kupfergeschirr verwendet, tausche ich meinen goldenen Ring nicht gegen einen eisernen ein.«

Wenn es hieß, der Kaiser kommt, liefen wir Kinder alle zum Bahnhof, um einen Blick auf ihn zu erhaschen sowie auf die Generäle, die ihn begleiteten – sogar ich kannte schon die Namen Hindenburg und Ludendorff. Wir sahen zu, wie der rote Teppich ausgerollt wurde und wie die Honoratioren der Stadt Aufstellung nahmen. Nach und nach strömten auch viele Erwachsene herbei und standen Spalier.

Und dann war es endlich so weit: Der Kaiser und die Kaiserin entstiegen dem Zug und schritten auf dem roten Teppich an uns vorbei, huldvoll nach beiden Seiten lächelnd und dem gemeinen Volk zuwinkend. Dann brauste ein vielstimmiges »Vivat! Hoch dem Kaiser! Hoch der Kaiserin!« auf. Vor ihnen und hinter ihnen schritten gewichtige Männer in Uniform, die Pickelhauben auf dem Kopf trugen.

Eines Abends, ich muss viereinhalb gewesen sein, saßen meine Eltern im Wohnzimmer, nachdem sie uns Kinder zu Bett gebracht hatten, meinen etwas älteren Bruder und mich, als sie plötzlich von der Straße her eine Schießerei hörten. Beide waren zu Tode erschrocken, denn schließlich war Krieg, und wir lebten nicht weit von der Front entfernt. Mein Vater schnappte geistesgegenwärtig zwei Wolldecken, zerrte uns Kinder aus den Betten, wickelte uns in die Decken ein, und dann trugen er und meine Mutter uns in den Keller.

Noch immer hörten wir Schüsse, und weil wir dies als herannahenden Gefechtslärm deuteten, blieben wir im Keller, obwohl es nach einer Weile ruhig wurde. Wir Kinder schliefen bald ein, doch die Eltern taten kein Auge zu, und erst als der Tag heraufdämmerte, wagte sich der Vater nach oben.

Vorsichtig spähte er auf die Straße, um zu ergründen, was die Ursache dieser nächtlichen Schießerei gewesen war. Fast zur selben Zeit steckten auch andere Bewohner ihre Köpfe aus der Haustür und prüften, ob die Luft wirklich rein war. Einer nach dem andern wagte sich endlich auf die Straße, um die Ursache zu ergründen.

Sehr schnell stellte sich das Ganze als völlig harmlos heraus: Der Kaiser war überraschend angekommen, und da gerade sein Geburtstag war, wurde ein Feuerwerk veranstaltet, und aus diesem Grund hatten viele Menschen im weiten Umkreis die Nacht im Keller verbracht, weil sie glaubten, auch bei uns würde jetzt gekämpft werden und nicht mehr nur in Frankreich.

Den letzten Geburtstag, den der Kaiser noch in Amt und Würden beging, erlebte ich ebenfalls mit. Er hatte im Hotel Oranienburg Quartier bezogen, und die Schüler aller Schulen von Bad Kreuznach zogen vor das Hotel und riefen aus voller Kehle: »Hurra! Hurra! Es lebe der Kaiser!« Auch viele jüngere Kinder, darunter ich, drängten sich zwischen die Schüler und schrien enthusiastisch mit. Dass am Ende jedes Kind noch eine Zuckerbrezel bekam, die uniformierte Männer aus großen Körben verteilten, nahm uns natürlich noch mehr für den Kaiser ein – trotz der vielen kritischen Stimmen, die mehr und mehr laut wurden.

Im November 1918 war der Krieg zu Ende – alle Opfer hatten nichts genützt, all die Wertgegenstände aus Edelmetall waren weg und die Kriegsanleihen jetzt ohne Wert. Statt dem Kaiser zuzujubeln, bastelten die Schulkinder – ich war inzwischen eines – Blumen aus weißem Kreppapier und begrüßten damit am Bahnhof die ersten Soldaten, die von der Front zurückkehrten und sich sehr über unser Geschenk freuten. Das sollte leider für viele vorerst die einzige Freude bleiben, denn nachdem das linke Rheinufer gemäß den Vereinbarungen mit den Siegermächten von Deutschland geräumt und von alliierten Truppen besetzt wurde, gerieten viele Soldaten in Gefangenschaft, kamen entweder nach Frankreich, um dort beim Wiederaufbau zu helfen, oder in ein Lager im besetzten Gebiet – besonders berüchtigt war Bodenheim bei Bad Kreuznach, wo die Männer unter freiem Himmel dahinvegetierten.

Viele haben das Lager nicht mehr lebend verlassen. Unsere Putzfrau, deren Schwiegersohn dort ebenfalls interniert war, erzählte uns, dass ihre Tochter nachts immer zum Zaun schleiche, um ihrem Mann ein bisschen Essen zuzustecken, und dass andere Frauen das ebenso machten. Trotzdem war das alles nur ein Tropfen auf den heißen Stein, und manch einer starb an Entkräftung.

Zunächst einmal aber wurden die von der Front heimkehrenden Soldaten in ganzen Kompanien zu den verschiedenen Schulen geführt, wo man Strohlager für sie bereitet hatte. Wir Schulkinder genossen diese Zeit, denn solange die Soldaten ihr Quartier in der Schule hatten, fiel der Unterricht häufig aus. Manchmal wusste man, dass am nächsten Tag keine Schule war, manchmal kamen wir aber auch morgens an die Pforte, und erst dort hieß es: »Ihr könnt heimgehen.« Johlend zogen wir dann davon – das ging monatelang so.

Mein Vater hatte nicht am Krieg teilnehmen müssen, sondern konnte weiterhin seiner Arbeit als Bürochef einer Sektkellerei in Bad Kreuznach nachgehen. Jedes Mal, wenn ich in sein Büro kam, nahm er mich bei der Hand, führte mich in die Kellerei und sagte: »Komm, Gitta, kriegst ein Likörchen«, und schenkte mir ein Gläschen Zuckercouleur ein, geschmolzenen, karamellisierten Zucker, den man saurem Sekt zufügte. Es war immer ein Hochgenuss für mich!

Nachdem mein Vater siebzehn Jahre bei der Sektkellerei war, fand er, dass die Zeit für etwas Neues gekommen sei. Er ließ sich seine Umsatzbeteiligungen und Provisionen, die bisher als Kapital in der Firma geblieben waren, auszahlen und machte sich in Bingen mit einem Geschäft für Kellerei-Artikel selbstständig.

Zunächst musste er täglich eine umständliche, zeitraubende Bahnfahrt auf sich nehmen, denn naturgemäß war es in dieser Zeit nicht einfach, eine Wohnung aufzutreiben, und schon gar keine gescheite. Eines Abends jedoch überraschte er uns mit der Neuigkeit: »Ich habe in Bingen eine Mietwohnung bekommen.«

Was er gefunden hatte, war eigentlich mehr eine Notunterkunft, denn die zwei Zimmer, Küche und Bad waren nur ein Teil einer ehemals großen Wohnung, die man in verschiedene Einheiten aufgeteilt hatte. Aber es war besser als nichts, zumindest für den Anfang, und so zogen wir mit Sack und Pack um.

In Bingen meldete mein Vater mich bei den Englischen Fräulein an, die hier nicht nur wie üblich ein Gymnasium, sondern auch eine Volksschule unterhielten. Es war ein ganz neues Gebäude, auf das Modernste eingerichtet und mit funkelnagelneuen polierten Zweierbänken. Doch diese Schule gefiel mir nicht nur wegen der schönen Einrichtung, sondern auch wegen des interessanten, weltoffenen Unterrichts, mit dem sich die Englischen Fräulein deutlich von anderen Schulschwestern abhoben.

Nachdem wir drei Jahre in der Notwohnung verbracht hatten, bot sich überraschend die Gelegenheit, ein Haus zu kaufen, das zwei alten Damen gehört hatte, die kurz nacheinander verstorben waren, und es hieß, dass die Erben das Haus höchstwahrscheinlich verkaufen würden.

Um nichts zu versäumen, begab sich mein Vater am

Tag der letzten Beerdigung zum Friedhof und sprach die Hinterbliebenen an. Sein Angebot, bar zu bezahlen, war offenbar so verlockend, dass die Erben nicht Nein sagen konnten, zumal sie sich überdies Maklergebühren oder Verkaufsinserate sparten. Sechzehntausend Goldmark zahlte ihnen mein Vater, und damit hatte er den Rest seines Anteils an der Sektkellerei wieder investiert – ein Glück für ihn, denn ein Jahr später wäre infolge der Inflation sein Geld wertlos geworden.

Was jedoch das Haus anging, das er gekauft hatte, ohne es vorher in Augenschein zu nehmen, so traf ihn fast der Schlag, als er es das erste Mal betrat. Von außen eine herrschaftliche Patriziervilla, war es von innen völlig heruntergekommen.

Bahnenweise hingen die Tapeten von den Wänden, der Stuck bröckelte von der Decke, die Farbe an Fensterrahmen und Türen war weitgehend abgeplatzt, und Rohre und Leitungen starrten vor Rost. Die alten Damen hatten anscheinend jahrzehntelang nichts mehr reparieren lassen. Niemand hätte das Haus in diesem Zustand gekauft, und die trauernden Hinterbliebenen waren jetzt wirklich lachende Erben.

Bevor wir einziehen konnten, mussten wir das ganze Haus vom Keller bis zum Dach von Grund auf instand setzen. Als die Anstreicher dabei waren, das Treppenhaus zu streichen, kamen sie ganz aufgeregt mit einer neuen Hiobsbotschaft: »Herr Nau, wir können das Treppenhaus nicht streichen.« »Warum nicht?«, wollte mein Vater wissen. »Ja nun«, antwortete einer der Handwerker. »Als wir die Paneele streichen wollten, marschierte ein ganzes Heer von Kakerlaken hinter dem Holz hervor.«

Meinem Vater blieb nichts anderes übrig, als die wunderschönen geschnitzten Holzpaneele herunterzureißen, einen Kammerjäger zu bestellen und das ganze Haus unter Gas setzen zu lassen. Anstelle der Holzvertäfelung erhielt die Wand anschließend einen Putz, der angestrichen wurde.

Nach der vollständigen Renovierung aber war das Haus eine wahre Pracht. Und wir hatten Platz! Unter dem Haus befand sich ein riesiger Weinkeller, der auch von außen zu betreten war, im Parterre lagen die riesige, mit allerlei technischen Raffinessen ausgestattete Küche samt Vorratskammer, ein Bad, ein Wohnzimmer, in dem wir zu essen pflegten, und das Zimmer meines Bruders sowie ein Anbau mit Kelterhaus und Waschküche, über dem ein wunderschönes Giebelzimmer errichtet worden war, zu dem man Zugang von der halben Höhe des Treppenhauses hatte.

Ursprünglich war vorgesehen, dass mein Bruder, wenn er größer wäre, dieses Zimmer beziehen sollte, doch bis dahin wollte mein praktisch veranlagter Vater es nicht ungenutzt lassen, zumal auch an einem wohlhabenden Haushalt wie dem unseren die Mängel der Nachkriegszeit nicht spurlos vorübergingen, und so funktionierte der Vater das schöne Giebelzimmer kurzerhand zum Vorratsraum um. Einmal im Jahr kaufte er nämlich ein halbes Schwein, das vom Metzger fachgerecht zerlegt und verarbeitet wurde. Wenn die Schinken und Würste lange genug geräuchert worden waren, hängten wir sie im Giebelzimmer an Querstangen auf.

Der erste Stock umfasste in herrschaftlichen Häusern wie unserem die sogenannte Beletage mit Salon, elterlichem Schlafzimmer und Gästezimmern, während sich im zweiten Stock ein kleiner Saal befand, wo man Taufen, Erstkommunionen oder andere Feste zu feiern pflegte und der einen wunderschönen Parkettboden mit Einlegearbeiten hatte. Daneben gab es noch ein kleines Wohnzimmer, ferner mein Reich und das Mädchenzimmer. Allerdings wohnte unsere Hilfe nicht bei uns im Haus, sondern hatte eine eigene Wohnung in der Stadt. Für größere Arbeiten brachte sie gelegentlich ihre Mutter mit, etwa zum großen Hausputz oder wenn aufwendig gekocht werden sollte.

Es gab immer eine Menge zu tun. So mussten jede Woche die hellen Buchenplatten der Küchentische geschrubbt werden. Das ging jedoch nicht in der Küche, sondern man trug die Möbel in den Hof, schüttete Seifenlauge darüber und scheuerte dann mit der Wurzelbürste, dass die Schaumflocken nur so flogen.

Weil ich das immer lustig fand, habe ich mir manchmal auch eine Bürste geschnappt und mich intensiv am Scheuern beteiligt, sodass ich hinterher voller Schaum war und meine Mutter nachher mehr Arbeit mit mir hatte, als durch meine Mithilfe eingespart worden war.

Unser Hof war übrigens auch etwas Besonderes, denn mein Vater hatte dort vier Oleanderbäume in großen Kübeln aufstellen lassen, um ihm den Anstrich der Zweckmäßigkeit zu nehmen und zu demonstrieren, dass wir selbst auf dem Wirtschaftshof noch ein gewisses Maß an Vornehmheit an den Tag legten.

In diesem Hof stand auch eine große Holztafel, die mein Vater für mich hatte anfertigen lassen, weil es schon immer mein erklärter Wunsch war, Lehrerin zu werden. Ich selbst fertigte aus weißen Blättern Hefte an, damit ich am Nachmittag, wenn meine Freundinnen kamen, mit ihnen Schule spielen konnte. Mal war ich die Lehrerin, mal war es eines der anderen Mädchen – das ging streng, aber gerecht der Reihe nach. Die jeweilige Lehrerin schrieb einen Text an die Tafel, den die Schülerinnen in ihre kleinen Hefte abschreiben mussten. Um nachher die Fehler anstreichen zu können, hatten wir uns sogar rote Tinte besorgt, und dieser Teil des Spiels machte immer am meisten Spaß.

Oft spielten wir auch auf der Burg Klopp, die in jener Zeit als Bürgermeisteramt diente. Wenn wir nicht gerade im Burggraben herumtollten, saßen wir im Garten auf einer Bank und nähten für unsere Püppchen niedliche kleine Kleider.

Mein Vater war mit dem Umzug nach Bingen überwiegend zufrieden, wenngleich seine Geschäfte stark von der Weinernte abhingen.

1921, noch bevor wir das Prachthaus kauften, war ein großes Weinjahr gewesen, in dem mein Vater überdurchschnittlich gute Geschäfte gemacht hatte. Es wurde nämlich nicht nur ein sehr guter Wein geerntet, sondern er war auch so reichlich, dass die Lagerkapazität der Winzer nicht ausreichte und sie viele Fässer und riesige Mengen an Flaschen nachkaufen mussten.

Im Jahr darauf dann waren die Keller noch voll vom Wein des Vorjahres, weshalb sich Flaschen und Fässer erneut gut verkauften, denn man musste schließlich auch den neuen Wein abfüllen. Wieder ein Jahr später fiel die Ernte dagegen miserabel aus, und es gab so gut wie nichts einzukellern. Entweder waren die Rebblüten durch späten Frost erfroren oder die Trauben total verregnet, sodass sie an den Weinstöcken verfaulten. Also ging unser Geschäft mit einem Schlag zurück – es wurden weder Flaschen noch Fässer verkauft, weder Etiketten noch Kapseln oder Korken.

Was die Korken anging, so hatten mein Bruder und ich in guten Jahren immer mitgeholfen, sie zu brennen. Wir mussten das nicht, aber wir taten es, weil es uns Spaß machte. Am Küchentisch wurden zwei kleine Geräte befestigt, mit denen man Buchstaben in die Korken brennen konnte, die je nach Wunsch des Kunden eingesetzt wurden – meist waren es der Name des Weingutes und der Jahrgang. Mein Vater brachte immer einen Sack frischer Korken in die Küche, und wir Kinder rollten sie einzeln über das heiße Eisen, um den Text einzubrennen. Mit dieser Tätigkeit entlasteten wir nicht nur die Eltern, sondern machten in dieser Zeit bestimmt keine Dummheiten.

Obwohl es eigentlich verboten war, in Vaters Sachen zu kramen, übte sein Schreibtisch eine magische Anziehungskraft auf mich aus, und einmal fand ich darin tatsächlich etwas Hochinteressantes, nämlich eine dicke Medaille aus purem Silber, auf deren Vorderseite der Kopf des Kaisers prangte und auf deren Rückseite in einem Lorbeerkranz zu lesen stand: »Für Rettung aus Not«.

Neugierig legte ich meinen Fund am Abend meinem Vater vor und fragte, was es mit dieser Medaille auf sich hatte. Da holte er aus einem Ordner ein Schreiben hervor, das unter anderem folgende Worte enthielt: »Des Kaisers Majestät haben mit des Allerhöchsten Erlasses vom 22. dieses Monats im Jahre 1905 dem Buchhalter Nikolaus Joseph Nau zu Bad Kreuznach die Ehrenmedaille für Rettung aus Gefahr zu verleihen geruht.«

Nun war meine Neugier erst recht geweckt. Auf mein und meines Bruders Drängen hin erzählte der Vater uns schließlich folgende Geschichte: »Eines Sonntags im Mai wollte ich einem Freund aus Trier, der mich besuchte, die Schönheiten unserer Gegend zeigen, und so machten wir einen Spaziergang an der Nahe entlang. Als wir in die Nähe von Bad Münster am Stein kamen, sahen wir einen Menschenauflauf und hörten, wie alle wild durcheinanderschrien. ›Ja, was ist denn los?‹, wollte ich von einem der Schaulustigen wissen. ›Ein Kind ist in die Nahe gefallen‹, gab der zur Antwort. Der Fluss führte gerade Hochwasser, müsst ihr wissen. Also riss ich mir die gestärkten Manschetten von den Armen, zog Jacke und Schuhe aus und stürzte mich in die Fluten. Ich sah ein rotes Kleidchen, das bald auftauchte und bald wieder unterging. Zum Glück war ich ein guter Schwimmer und konnte mich bis zu dem Kind, das von der Strömung immer weiter abgetrieben wurde, durchkämpfen. Glücklicherweise erwischte ich es am Kleidchen, zog den Kopf aus dem Wasser und brachte es zum Ufer zurück, wo es gleich in Empfang genommen wurde. Ich selbst war ziemlich erschöpft und ausgekühlt und hatte es eilig, in trockene Sachen zu kommen, und machte mich deshalb schnell auf den Weg nach Hause.

Anderntags stand über den Unglücksfall ein großer Bericht in der Zeitung. Einer meiner Kollegen hielt mir das Blatt vor die Nase. ›Herr Nau, haben Sie schon die Zeitung gelesen?‹, fragte er. ›Da steht drin, gestern sei ein Unbekannter in seiner Sonntagsmontur in die Nahe gesprungen. Er habe ein Kind herausgezogen und es damit vor dem sicheren Ertrinken gerettet. Stellen Sie sich das mal vor! Das ist doch eine großartige Tat!‹

›Ja, ich weiß davon. Ich war dabei. Ich habe das Kind aus dem Wasser gezogen‹, antwortete ich ihm. Damit war für mich die Sache abgehakt. Einige Wochen später überreichte mir der Landrat diese Medaille nebst Urkunde, nachdem der Kollege die Geschichte offenbar an eine höhere Stelle gemeldet hatte.« So viel zur Heldentat meines Vaters.

Nach sechs Jahren in Bingen zog es meinen Vater nach über dreißigjähriger Abwesenheit zurück in seine Heimatstadt Trier. Schuld daran war seine älteste Schwester, die nach ihrer Scheidung mit einem Geschäft und der Verantwortung für drei Kinder völlig überfordert war, vor allem für den ganzen Bürokram und die Buchhaltung brauchte sie dringend Hilfe. Immer wieder bat sie deshalb ihren Bruder: »Kommt doch nach Trier.«

Nun reizte es ihn zwar durchaus, dorthin zurückzukehren, aber Trier auf dem linksrheinischen Ufer war damals noch französisches Besatzungsgebiet, und jeder, der zuziehen wollte, musste einen Besitz in der Stadt nachweisen. Die Tatsache, dass man dort geboren war, zählte nicht.

Vorerst hatte er jedoch kein Eigentum, doch meine Tante erfuhr von einem Haus, das zum Verkauf anstand, und ging auf der Stelle zur französischen Präfektur, wo sie in perfektem Französisch den Kaufwunsch ihres Bruders vortrug. Nein, hieß es, das Haus sei nicht für Deutsche zu erwerben, sondern nur für Mitglieder der Militärverwaltung und ihre Familien. Die Tante ließ jedoch nicht locker und erschien fast täglich beim Präfekten, bis dieser schließlich entnervt nachgab: »Kaufen Sie in Gottes Namen das Haus, damit wir Sie endlich los sind.«

Also verkauften wir unsere Villa in Bingen und erwarben das Haus in Trier, wo mein Vater sich nicht nur um das Geschäft seiner Schwester kümmerte, sondern für viele andere Firmen Buchführung und Steuerangelegenheiten übernahm.

Was mich anging, so trennte ich mich schweren Herzens von Bingen, und ich vermisste es noch mehr, nachdem mein Vater mich in Trier auf einem von den Ursulinen geführten Gymnasium anmeldete, denn hier erwartete mich der reinste Kulturschock. Waren die Englischen Fräulein sehr offen gewesen sowohl in ihrer Kleidung als auch in ihrem Wesen, so waren die Ursulinen in jeder Hinsicht zugeknöpft bis oben hin, und Gleiches verlangten sie auch von uns.

Im Vergleich zu meiner bisherigen modernen Schule kam mir hier alles mittelalterlich vor. Zu viert saßen wir in langen, unbequemen Bänken, an denen man nur zu einer Seite heraus konnte, und natürlich bekam ich als Neue den unbeliebten Platz ganz innen, wo man von den Lehrern wenig beachtet wurde, denn damals musste man, wenn man sich meldete und aufgerufen wurde, aus der Bank heraustreten. Für mich aber hätten drei andere aufstehen müssen, und das hätte zu viel Unruhe verursacht. Ich war froh, als ich die Schule nach der mittleren Reife verlassen konnte.

Inzwischen hatte sich mein Traum vom Lehrerinnenberuf zerschlagen. Als mein Vater merkte, dass dieser Wunsch nicht nur eine Kinderei war, sondern mein voller Ernst, redete er mit aller Kraft dagegen. Mit Erfolg. Er, der nach dem Wunsch seiner Eltern nämlich Lehrer hätte werden sollen, hegte seit frühester Jugend eine abgrundtiefe Abneigung gegen diesen Berufsstand, weil die meisten Lehrer damals oft wenig liebenswerte Personen waren, wie er meinte.

Er selbst wäre, da er künstlerisches Geschick besaß, gern zu einem Glasmaler oder zu einem Goldschmied in die Lehre gegangen. »Nichts da«, hatte seine Mutter eingewandt. »Da verdienst du drei Jahre lang nichts. Ich habe dir eine Lehrstelle bei einem Rechtsanwalt besorgt. Da kriegst du immerhin fünfzehn Mark im Monat.«

Seine Aufgabe bei dem Rechtsanwalt war es, die Vorgänge, die bei Gericht mitprotokolliert worden waren, abzuschreiben, also gewissermaßen zu vervielfältigen, da man weder ein Kopiergerät noch eine Schreibmaschine hatte. Diese Tätigkeit hing ihm jedoch bald dermaßen zum Halse heraus, dass er den

Krempel hinschmiss und sich durch Fernstudium zum Kaufmann ausbildete.

Eigentlich hätte er nach den schlechten Erfahrungen mit seinen Eltern bei mir offener auf meine Berufswünsche eingehen müssen, aber leider war das nicht der Fall.

Abgesehen davon, dass er vom Lehrerberuf nichts hielt, fand er, dass eine aufwändige Berufsausbildung für ein Mädchen vertane Zeit und verschwendetes Geld sei, weil ich ja ohnehin heiraten würde. Wenn ich unbedingt etwas lernen wolle, dann solle das etwas sein, was mir im Leben nütze, zum Beispiel Hauswirtschaft oder Fremdsprachen.

So wählte ich dann einen anderen Weg und ging nach Luxemburg in ein Pensionat, wo ich beides verbinden konnte – wir wurden in Hauswirtschaft unterrichtet, und Französisch war Umgangssprache.

Hier waren wir gehalten, auch in der Freizeit mindestens sieben Sätze Französisch am Tag zu sprechen. Für mich war das kein Problem, denn ich hatte in der Schule bereits sechs Jahre Französischunterricht gehabt, doch die anderen deutschen Mädchen taten sich damit schwer. Sie konnten entweder noch gar kein Französisch oder nur ganz wenig, und so war es für sie sehr schwierig. Also plapperte ich morgens rasch meine sieben Sätze Französisch herunter und konnte mich dann den ganzen Tag über mit den Mädchen in unserer Muttersprache unterhalten.

Ich blieb ein Jahr lang dort, und als ich zurückkehrte, gab der Vater die Erlaubnis, in Trier das städtische Kindergärtnerinnenseminar zu besuchen, und damit waren die Weichen für mein ganzes weiteres Leben gestellt.

Eine meiner Mitschülerinnen nämlich hatte einen Bruder, von dem die ganze Klasse schwärmte. Er sehe blendend aus, sei charmant, hoch musikalisch und ein Kavalier vom Scheitel bis zur Sohle, hieß es. Montagmorgen konnte man vor Unterrichtbeginn oft Bemerkungen hören wie: »Stellt euch vor, ich habe ihn gestern im Kasino gesehen!«, »Ich habe sogar mit ihm getanzt!« oder »Ach, Margret, dein Bruder tanzt himmlisch!« und »Was für ein Mann!«

Alle Welt schien ihn zu kennen, nur ich nicht. Menschenskind, dachte ich, wie kam die brave Margret nur zu so einem Bruder! Vorstellen konnte ich es mir eigentlich nicht. Als sie mich eines Tages fragte, ob wir nicht gemeinsam die Hausaufgaben machen könnten, einigten wir uns darauf, dass wir am Mittwoch- und am Samstagnachmittag bei mir arbeiteten und am Sonntagnachmittag bei ihr. Meine Bedingung aber war: »Ich komme nur, wenn dein Bruder nicht da ist.«

»Keine Sorge«, antwortete sie. »Der geht sonntags immer aus.«

Aha, also doch ein Casanova, dachte ich, war im Übrigen aber beruhigt, dass ich ihn nicht treffen musste, denn nach allem, was ich so gehört hatte, schien er mir ein wenig unseriös zu sein. Er war auch wirklich nicht da, als ich Margret das erste Mal zu Hause besuchte, doch vorsichtig, wie ich war, klingelte ich jedes Mal unten an der Haustür, wenn ich zu ihr wollte. Sie musste dann nachschauen, ob er wirklich weg war, und erst wenn sie das bestätigte, bin ich hinauf in die Wohnung gegangen.

Eines Tages fand in der Treveris, zur damaligen Zeit Triers größter Saal für Veranstaltungen aller Art, ein Gastspiel eines namhaften deutschen Orchesters unter einem bekannten Dirigenten statt, das ich mir, ebenso wie ein paar andere musikbegeisterte Mädchen, nicht entgehen lassen wollte.

In der Pause flanierten wir in der Vorhalle herum, um gesehen zu werden und zu sehen, wer sonst noch da war, als uns ein gut aussehender junger Mann entgegenkam, bei uns stehenblieb und sich vorstellte. Mir stockte der Atem, denn es war Margrets Bruder! Er blieb die ganze Pause über an meiner Seite, und als die Klingel ertönte, fragte er mich, ob er mich nach dem Konzert nach Hause begleiten dürfe. Auf dem Heimweg sagte er dann, er habe gehört, dass ich Klavier spielen würde, aber damit war unser Gespräch für diesmal auch schon ziemlich erschöpft.

Wenige Tage danach wurde in unserer Klasse gefragt, wer Klavier spielen könne, denn man suchte jemanden für die festliche Gestaltung der Abschlussfeier. Als sich außer mir noch zwei andere Schülerinnen meldeten, schaute uns die Lehrerin prüfend an, wandte sich dann an Margret und sagte: »Sagen Sie mal, Sie haben doch einen musikalischen Bruder – vielleicht könnte der etwas mit unseren Mädchen einstudieren?«

Margret erklärte sich bereit, bei ihrem Bruder anzufragen, und dieser wiederum ließ sich nicht lange bitten, allerdings unter der Bedingung, dass wir zunächst bei ihm vorspielten.

Ich wählte für mein Solo die »Veneta-Glocke« aus und spielte dann vierhändig mit Hilde »Dichter und Bauer«. Der gestrenge Bruder nickte gnädig und deutete an, er wolle es mit uns versuchen. Aber dann ging es los: Er hat mit uns die nächste Zeit so gepaukt, dass mir schier schwindlig wurde und ich zeitweilig dachte, ich würde das nie schaffen. Zu Hause hämmerte ich unermüdlich auf meinem armen Klavier herum, sodass selbst unser Nachbar mitleidig fragte: »Können Sie es immer noch nicht?«

Am Tag der Abschiedsfeier musste ich zu Beginn das Horst-Wessel-Lied, die Hymne der nationalsozialistischen Bewegung, und zum Abschluss die Nationalhymne begleiten, denn inzwischen standen wir nicht mehr unter französischer Verwaltung, sondern lebten mitten im Dritten Reich mit all seinem falschen Pathos. Außerdem begleitete ich ein kleines Singspiel, das aufgeführt wurde, dann folgte erst der vierhändige Vortrag und schließlich die »Veneta-Glocke«. Ich schwitzte Blut und Wasser, aber dem Beifall nach zu urteilen, muss ich meine Sache recht ordentlich gemacht haben, denn sogar der Oberbürgermeister stieg auf die Bühne und beglückwünschte mich zu meiner Leistung.

Margrets Bruder, der im Publikum gesessen hatte, fand ebenfalls anerkennende Worte: »Einwandfrei. Sie haben fehlerlos gespielt.« Da spürte ich, wie mir vor Freude die Röte ins Gesicht stieg, und sein Lob bedeutete mir mehr als das des Oberbürgermeisters. Seit diesem Tag musizierten wir jeden Sonntag eine Stunde gemeinsam, nachdem Margret und ich die Aufgaben fertig hatten. Meist spielte er Cello, und ich begleitete ihn auf dem Klavier.

Obwohl ich im Jahr darauf das beste Abgangszeugnis der ganzen Klasse erhielt, fand ich zunächst keine Stelle. Obwohl es widersinnig klingt, hatte unsere Jugendleiterin für alle Absolventinnen eine Stelle besorgt, entweder in einem Kindergarten oder in einer Familie mit Kindern, bloß für mich nicht. Als ich mich darüber beklagte, antwortete sie nur: »Wozu soll ich Ihnen eine Stelle besorgen? Mit dem Abschlusszeugnis finden Sie doch überall eine.«

Also blieb ich mit meinem Examen in der Tasche erst einmal zu Hause, las viel, spielte Klavier, schrieb

Briefe an Bekannte aus meiner Binger Zeit oder ging meiner Mutter im Haushalt zur Hand.

So verfloss ein halbes Jahr, als ich eines Tages einen Anruf bekam. Die Leiterin des Kindergartens, in dem wir unser Praktikum absolviert hatten, war am Apparat. »Na, Nauchen«, fragte sie, »wo sind Sie denn untergekommen?«

»Nirgends«, antwortete ich. »Ich bin zu Hause.«

»Was?«, fragte sie ungläubig. »Sie sind zu Hause? Mit Ihrem Zeugnis! Das gibt es doch nicht! Aber ein Glück, denn ich habe eine Stelle für Sie! Ich hatte gar nicht gewagt, zu hoffen, dass Sie noch frei sind. Es geht um den Kindergarten im Herz-Jesu-Krankenhaus.«

Erfreut über diese gute Nachricht, stellte ich mich dort vor und blieb ganze sechs Jahre. Margrets Bruder verlor ich während dieser Zeit nicht aus den Augen, obwohl er bald nach Köln zur Musikhochschule ging, wo er sich neben einem Stipendium, das er als Ausnahmebegabung erhielt, seinen Lebensunterhalt zusätzlich durch Klavierunterricht und Orgelspielen verdiente.

Er schrieb mir fleißig Briefe, und ich schrieb ebenso emsig zurück, doch sehen konnten wir uns in all den Jahren nur selten, weil eine Bahnfahrt auch für damalige Verhältnisse sehr teuer war. Noch bevor er sein Studium beendet hatte, wurde er in Köln am Opernhaus als Kapellmeister angestellt, und nach seinem Examen fragte er mich feierlich, ob ich seine Frau werden wollte.

Sieben Jahre nach unserer ersten Begegnung haben wir 1940 geheiratet, ich im weißen Kleid mit Schleier und Schleppe und er im Frack, für ihn praktisch seine Arbeitskleidung. An diesem Tag gestand er mir, dass er mich schon lange vor unserer ersten Begegnung beobachtet hatte, wenn ich mit meinen langen, blonden Zöpfen zur Ursulinenschule gegangen sei.

»Schade«, meinte ich, »dass ich dich damals gar nicht bemerkt habe.«

»Ja«, konterte er. »Wir Männer haben eben schärfere Augen und einen besseren Blick.«

Die Kindsmagd

Sabine, Jahrgang 1924, aus Siegsdorf

Ich wurde als lediges Kind geboren, und meine Mutter, eine zweiundzwanzigjährige Bauernmagd, konnte mich nur drei Wochen bei sich behalten, bis sie wieder arbeiten musste. Sie brachte mich nach Inzell in das Elternhaus meines Vaters, wo mich dessen Mutter, meine Großmutter also, aufzog.

Sie hatte selbst sechs Kinder, von denen das jüngste sechs Jahre zählte und das älteste, mein Vater, vierundzwanzig. Ich wuchs also mit meinen jungen Onkeln und Tanten und mit meinem Vater auf, den ich Papa nannte. Zur Großmutter sagte ich Mutter, weil ich das so von meinen Ziehgeschwistern hörte. Da der Großvater zu dieser Zeit schon nicht mehr lebte, bewirtschaftete die Großmutter den Hof zusammen mit meinem Vater, und da er auf jeden Fall auf dem Hof bleiben musste, hatte er nicht heiraten können, weil für seine Frau kein Platz war, solange alle Geschwister daheim lebten.

Der Vater selbst schlief noch mit einem seiner Brüder in der Kammer, die beiden anderen Brüder teilten sich die zweite Kammer und die beiden Schwestern die dritte. Mehr Räume gab es nicht. Mich hatte man leicht unterbringen können und einfach das Kinderbett zur Großmutter in die Kammer gestellt.

Als ich fünf Jahre alt war und zwei Schwestern des Vaters das Haus endgültig verlassen hatten, war endlich Platz für eine eigene Familie. Die Großmutter zog ins Töchterzimmer um und machte die Kammer mit dem Ehebett und dem Kinderbett frei für meine Eltern. Eigentlich hätte mit dem Einzug meiner Mutter eine schöne Zeit für mich beginnen sollen, doch das Gegenteil war der Fall.

Kaum, dass sie die Schwelle des Hauses überschritten hatte, schimpfte sie mit mir, und das änderte sich auch nicht, denn ich konnte ihr nie etwas recht machen. Im Geheimen fand ich, dass sie eine böse Frau war und eine fremde dazu, sodass ich überhaupt nicht verstand, warum ich zu ihr Mama sagen sollte. Und in all den Jahren, in denen ich mit ihr unter einem Dach lebte, ist nicht einmal dieses Wort über meine Lippen gekommen. Ich fand es schon schlimm genug, mit ihr unter einem Dach leben zu müssen, und vermied es auch nach Möglichkeit, sie überhaupt direkt anzusprechen.

Erst recht wollte ich nicht mit ihr in einem Zimmer schlafen und schlich deshalb gleich am ersten Abend zur Kammer der Großmutter, um in ihr Bett zu krabbeln. Sie hat meinen Kummer wohl verstanden und auf der Stelle mein Kinderbett in ihr Zimmer schaffen lassen. Ich vermute, dass meinen Eltern diese Lösung ganz angenehm war, denn schließlich waren sie frisch verheiratet. Nach einem Jahr war es dann ohnehin vorbei mit der Zweisamkeit, als meine Schwester Resi geboren wurde.

Anfangs freute ich mich über das Schwesterchen, bis ich merkte, dass ich nur noch die Kindsmagd spielen musste. Ich war immerhin selbst erst sechs Jahre alt und gerade zur Schule gekommen, sodass ich auch ohne das Baby ziemlich beansprucht war. Zwar ging ich gerne in die Schule und lernte auch leicht, doch der Schulweg war sehr anstrengend. Immerhin musste ich für eine Strecke fast eine Stunde laufen, wobei es zurück auch noch bergauf ging, und man kann sich ausmalen, wie erschöpft ich immer auf unserem Hof ankam und mich gerne ein bisschen ausgeruht hätte. Aber das gab es nicht – ich konnte nur schnell mein Essen hinunterschlingen und musste mich dann ums Schwesterchen kümmern.

Besonders schlimm war es im Winter, wenn der Schulweg durch den vielen Schnee noch beschwerlicher wurde, denn geräumt wurden nur die Hauptstraßen. Auch war die Kleidung vor allem für Mädchen noch wenig zweckmäßig. Lange Hosen gab es für uns noch nicht, und die langen Röcke hielten weder Kälte noch Nässe ab und waren immer steif gefroren, aber das alles scherte meine Mutter nicht.

Es ging sogar so weit, dass ich meine Hausaufgaben erst am Abend machen durfte, wenn die Kleine im Bett war. Dann war ich oft so müde, dass ich über meiner Tafel einnickte, doch die Mutter riss mich unbarmherzig hoch und schimpfte mit mir.

Auch mit anderen Kindern konnte ich kaum spielen, obwohl ich das so liebend gerne getan hätte, zumal es in der Nachbarschaft Unmengen von Kindern gab, mit denen ich hätte herumtollen können. Nur manchmal nutzte ich heimlich die Gelegenheit, wenn ich die Resi spazieren fahren sollte, und ließ den Kinderwagen für eine Weile stehen und schloss mich den Freundinnen an. Wehe, die Mutter entdeckte das!

Als knapp zwei Jahre später das nächste Kind in der Wiege lag, musste ich mich den ganzen Nachmittag um zwei Kleinkinder kümmern. Und es wurde nicht besser mit den Jahren, denn ein Kind folgte jetzt aufs andere. Wenn die anderen Mädchen mich sonntags zum Spazierengehen abholten, musste ich immer einen Schweif von kleinen Geschwistern hinter mir herziehen, und bald fragten meine Freundinnen, denen das ausgesprochen lästig war, erst gar nicht mehr bei mir an. Zwar hatte ich alle meine Geschwister wirklich gern, aber schließlich war ich selbst noch zu jung, um immer nur die Große zu spielen.

Manchmal, wenngleich selten genug, brachte die Mutter vom Einkaufen ein paar Bonbons mit. Die verteilte sie ausschließlich an meine Geschwister und sagte zu mir: »Du brauchst nix, du bist ja schon groß.« Obwohl ich an solche Lieblosigkeiten gewöhnt war, hat das immer wehgetan.

Meine Mutter war übrigens auch zu meinen Geschwistern nicht im Geringsten nett – niemals hat sie ein liebevolles Wort gefunden, nie hat sie getröstet, gestreichelt oder in den Arm genommen. Sie war eine kalte Person, und die Kleinen, die das ebenfalls spürten, hängten sich umso mehr an mich, weil sie von mir Trost und Hilfe, Zuspruch und Antworten bekamen.

Nur ich hatte niemanden, der für mich da war, denn meine Großmutter war, obwohl ansonsten eine gute, freundliche Frau, für Seelenprobleme nicht ansprechbar, und so musste ich alle meine Sorgen mit mir allein ausmachen.

Als ich so zwölf, dreizehn war, wusste ich oft nicht, wo mir der Kopf stand mit den fünf Kleinen. Morgens um halb sechs ging es schon los, wenn die Mutter unten an der Treppe schrie: »Aufstehen!«, dass es durchs ganze Haus gellte. Dann wusch ich als Erstes die beiden kleineren Mädchen, zog sie an und flocht ihre Zöpfe. Bis ich damit fertig war, hatten sich das Reserl und der Bepperl auch endlich nach unten bequemt und mussten für die Schule fertig gemacht werden. Nur um den Jüngsten kümmerte sich die Mutter selbst.

Die Resi konnte sich zwar schon alleine waschen und anziehen, aber ich musste ihr die Haare flechten, und was den wasserscheuen Beppi anging, so war das immer ein Kampf, bis er gewaschen war. Anschließend gab es Frühstück für alle: Milch, frisch vom Stall, wo die Mutter in der Zwischenzeit gemolken hatte, dazu selbst gebackenes Brot und selbst gemachte Marmelade oder Margarine. Butter kam nicht auf den Tisch, obwohl wir selbst welche machten, aber die wurde verkauft. Das änderte sich erst, als die Eltern begannen, einige Zimmer an Feriengäste zu vermieten.

Wenn ich von der Schule heimkam, musste ich oft mit aufs Feld und abends in den Stall, doch egal, wie hart die Arbeit war, egal, wie gut ich sie erledigte, von der Mutter erhielt ich niemals ein Lob oder eine Belohnung.

Zum Glück fand mein Vater, mit dem ich nicht nur auf dem Feld, sondern auch im Wald arbeitete, gelegentlich ein anerkennendes Wort. Er war überhaupt der Einzige, der uns Kindern wenigstens ein bisschen das Gefühl von Geborgenheit gab, doch war er meist nicht zu Hause. Hinzu kam, dass er schon relativ früh anfing zu kränkeln, ohne dass man wusste, was er hatte. Erst nach vielen Jahren wurde Magenkrebs festgestellt, und vielleicht waren die früheren Beschwerden bereits die ersten Vorboten gewesen.

Als ich aus der Schule entlassen wurde, musste ich zu Hause noch mehr ran. Nun hieß es, von der Früh bis in die Nacht: arbeiten, arbeiten, arbeiten. Vollends aus war es, nachdem zwei Jahre später nochmals ein Bruder zur Welt kam und die ganze Arbeit während des Wochenbetts der Mutter an mir hängen blieb.

Vor allem musste ich in dieser Zeit das Melken übernehmen, und da ich diese Arbeit nicht gewohnt war, haben mir abends immer die Hände höllisch geschmerzt, sodass ich manchmal nicht einschlafen konnte. Aber es half nichts – solange die Mutter im Wochenbett war, blieb das Melken an mir hängen. Der Vater konnte nämlich nicht melken, abgesehen davon, dass er genug andere Arbeit hatte, und meine Großmutter war zu dieser Zeit schon nicht mehr in der Lage, dass sie hätte einspringen können.

Als ich in dieser Zeit zu allem Überfluss auch noch meine Tage zum ersten Mal bekam, stand ich völlig dumm da. Zum einen hatte ich keine Ahnung, was das zu bedeuten hatte, zum anderen wusste ich nicht, an wen ich mich wenden sollte.

Zunächst habe ich schrecklich geweint, weil ich glaubte, ernstlich krank zu sein, aber die Mutter zu fragen, habe ich mich nicht getraut, weil ich fürchtete, sie würde schimpfen. Um irgendetwas zu unternehmen, habe ich alte Lumpen zusammengesucht, in die Unterhose gelegt und später heimlich ausgewaschen.

Davon muss die Mutter allerdings etwas mitgekriegt haben, denn bald drückte sie mir einige selbst genähte Binden in die Hand mit der Bemerkung: »Beim nächsten Mal nimmst du die und weichst sie in kaltem Wasser ein, bevor du sie auswäschst.« Sonst wurde kein Wort geredet, aber auf diese Weise erfuhr ich wenigstens, dass das, was ich hatte, wiederkommen würde und nichts Schlimmes war.

Als meine Schwestern an der Reihe waren, sind sie ebenfalls nicht zur Mutter gegangen, sondern zu mir, denn sie wussten, dass ich sie nicht mit Worten wie »Geh weiter, das brauchst net wissen« abfertigen würde.

Ich war fast glücklich, als ich wenige Wochen später mit Blinddarmentzündung ins Krankenhaus Traunstein eingeliefert wurde, denn obwohl ich nach der Operation tagelang starke Schmerzen hatte und unter höllischem Durst litt, wurde ich hier gepflegt, gehegt und ein bisschen verwöhnt – Dinge, die ich bislang nicht gekannt hatte.

Vielleicht merkten die einfühlsamen Ordensschwestern auch, dass es mir an Zuwendung mangelte. »Komm zu uns in die Küche, da brauchen wir ein tüchtiges Mädchen, und du kannst eine Menge lernen«, schlug man mir eines Tages vor.

Diese Aussicht gefiel mir, und ich träumte davon, wie ich im Krankenhaus der Küchenschwester zur Hand gehen und dabei Kochen lernen würde. Natürlich würde ich vor allem Kartoffeln schälen, Gemüse putzen und Töpfe scheuern, aber als einfaches Küchenmädchen im Krankenhaus zu arbeiten, erschien mir tausendmal erstrebenswerter, als weiter in meinem lieblosen Zuhause zu bleiben. Zudem war auch die Aussicht auf ein wenig Geld mehr als verlockend. So fiel mir der Abschied von den freundlichen Schwestern bei meiner Entlassung gar nicht schwer, denn ich war fest davon überzeugt, sie bald wiederzusehen.

Kaum dass ich wieder zu Hause war, brachte ich diesen Wunsch bei meiner Mutter vor, kam damit aber schlecht an. »Nichts da! Das kannst du dir gleich aus dem Kopf schlagen.« Ich war unendlich traurig, dass mein ganzer schöner Traum zerplatzt war wie eine Seifenblase. Kurz darauf steckte mich die Mutter zu einem Bauern als Stallmagd, ohne dass ich gefragt worden wäre, beorderte mich jedoch bereits ein Jahr später wieder nach Hause, weil das achte Kind angekommen war.

Jetzt hatte ich Kindsmagd, Küchenmagd und Stallmagd in einer Person zu sein, aber meinen Traum von einer bescheidenen Unabhängigkeit verfolgte ich weiter. Während ich noch in Diensten bei dem Bauern stand, war in mir der Wunsch erwacht, irgendwann als Sennerin auf die Alm zu gehen, weit weg von zu Hause, doch dann machte mir der neue Bruder einen Strich durch die Rechnung. Als dann auch noch Zwillinge geboren wurden, begann ich langsam zu befürchten, dass ich mein ganzes Leben auf dem Hof meiner Eltern vergeuden würde und nachher als Magd bei einem meiner Brüder das Gnadenbrot essen musste.

Inzwischen war die Resi, die mit mir gemeinsam den Haushalt geschmissen hatte, in Stellung gegeben worden, und meine Hoffnung, dass der Bepperl mich nach seiner Schulentlassung im Stall entlasten würde, zerschlug sich, denn mein Bruder beschloss, Maurer zu werden, und die Eltern stimmten zu.

Während sie über uns Mädchen wie über ihr Vieh verfügten, ließen sie den Söhnen weitgehend freie Hand. Das war typisch in der damaligen Zeit.

Ich beschloss zu handeln, bevor es zu spät war. Als ich von einer ehemaligen Mitschülerin erfuhr, dass zum nächsten Sommer in Reit im Winkl eine Sennerin gesucht würde, machte ich Nägel mit Köpfen und bewarb mich. Sobald ich die Zusage in Händen hielt, stellte ich meine Eltern vor vollendete Tatsachen: »Damit ihr's nur wisst, im nächsten Sommer gehe ich als Sennerin auf die Alm. Es ist alles schon abgemacht.«

Da ich längst volljährig war und meine Schwester Burgl vor meinem Weggang hinsichtlich der Hausarbeit noch anlernen konnte, wagten sie keinen Widerspruch. Bevor ich endgültig sein Haus verließ, gab mir der Vater noch ein paar Worte mit auf den Weg, die mich tief berührten: »Sollte mal was passieren und du kriegst ein Kind, dann kannst du immer nach Hause kommen. Aber du musst wissen, von wem es ist.«

Ende Juni zog ich dann mit acht Kühen und einigen Jungtieren zunächst auf die Niederalm bei Reit im Winkl, drei Wochen später auf die Hochalm. Ich war selig. Endlich allein – endlich konnte ich tun, was ich wollte, und niemand war da, der mir Befehle gab oder mich schimpfte. Ich war mein eigener Herr und konnte mir die Arbeit so einteilen, wie es mir gefiel. Meine Hütte war mit allem ausgestattet, was man für ein bescheidenes Leben brauchte. Statt eines Herdes gab es zwar nur eine offene Feuerstelle, mit der ich jedoch bald umzugehen lernte. Sie reichte aus, um mein Essen zu kochen und um das Spülwasser heiß zu machen, denn spülen musste ich viel und gründlich: die Milchkannen, die Zentrifuge, das Butterfass.

Das Wasser allerdings musste ich mit Eimern von einem Brunnen holen, doch zum Glück fanden die Kühe den Weg zu den Tränken, von denen es mehrere auf den Almen gab, allein, sodass ich für sie kein Wasser heranschleppen musste. Ich ließ die Tiere immer erst abends auf die Weide, weil es ihnen tagsüber zu heiß war. Am anderen Morgen standen sie dann alle wieder vor ihrem Stall und weckten mich mit ihrem Gebrüll.

Wenngleich mancher Komfort fehlte, so hatte die Hütte immerhin elektrisches Licht, sodass ich auch nach Einbruch der Dunkelheit noch arbeiten konnte. Zu tun gab es nämlich genug: Ich musste melken, mit der Zentrifuge den Rahm von der Magermilch trennen und diese an die Kälber verfüttern, alle zwei Tage Butter machen, diese ins Tal bringen und bei dieser Gelegenheit Lebensmittel mit nach oben nehmen.

In der Nähe der Hütte war ein Stück Land eingezäunt worden, damit die Kühe dort nicht fressen konnten. Von diesem Gras nämlich machte ich Heu, damit ich einen Vorrat für schlechte Zeiten hatte. Es konnte nämlich mitten im Sommer vorkommen, dass es schneite. So hat es zum Beispiel im Juli einmal in einer Nacht vierzig Zentimeter Schnee gegeben, aber das war nach meiner Zeit auf der Alm. Doch einige Zentimeter Schnee im Sommer habe ich des Öfteren erlebt.

Langweilig ist mir nie geworden, zumal jede Woche eines meiner Geschwister kam und dabei frisches Obst und Gemüse mitbrachte. Ringsum lagen außerdem andere Almen, und wir Sennerinnen haben einander oft besucht, miteinander gesungen und musiziert. Eine Sennerin konnte Zither spielen, die andere Hackbrett und die dritte Gitarre.

Manchmal haben wir auch zu zweit oder zu dritt miteinander gekocht und dabei viel Spaß gehabt, denn die meisten waren junge Frauen in meinem Alter.

Anfang September, wenn der Sommer vorüber war, stieg man hinab auf die Niederalm, bis vier Wochen später der endgültige Almabtrieb begann. Auch wenn es keinen festgesetzten Tag gab, so galt doch, dass man an Michaeli, also am 29. September, unten sein musste. Wenn den Sommer über nichts passiert war, hat man die Kühe mit bunten Bändern und Almrauschbüscheln geschmückt und ins Tal getrieben, wo schon die Leute am Straßenrand auf das Schauspiel warteten, denn während die älteren Kühe, die das Almleben schon gewöhnt waren, genau wussten, wo es langging, hielten die Jungtiere einen ganz schön auf Trab und gaben Anlass zu Heiterkeit.

Während des Winters arbeitete ich zwar auf dem Bauernhof, zu dem die Alm gehörte, aber jetzt blieb auch einmal Zeit, an anderes zu denken wie an Tanzvergnügen, und von den Burschen, die ich dabei kennenlernte, gefiel mir einer besonders gut, und ausgerechnet ihn traf ich dann auf einer Hochzeit wieder. Wir tanzten, wir redeten und erzählten so dies und jenes – dabei erfuhr ich, dass seine Familie ebenfalls eine Alm besaß, und im Sommer besuchte er mich regelmäßig in meiner Hütte.

Natürlich fehlte er auch nicht am Jakobitag, dem wichtigsten Ereignis des ganzen Almsommers, auf den man sich schon wochenlang vorher freute. An diesem Tag nämlich versammelten sich abends alle Sennerinnen an einer Hütte, wo sie die jungen Männer des Dorfes erwarteten, und mit Musik und Tanz wurde bis weit in die Nacht hinein gefeiert. Von diesem Abend zehrten alle bis zum Almabtrieb, denn die Vergnügungen für junge Leute waren eher begrenzt.

Kurz vor meinem zweiten Weihnachtsfest in Reit im Winkl merkte ich, dass ich in anderen Umständen war. Zu meiner Erleichterung nahm der Toni die Mitteilung jedoch ganz gefasst auf und sagte bloß: »Jetzt wird es aber Zeit, dass ich dich meinen Eltern vorstelle.«

Als ich dann das erste Mal angespannt und voller Verlegenheit sein Elternhaus betrat, fiel alle Beklemmung schnell von mir ab, denn die Familie nahm mich mit großem Wohlwollen auf, und Tonis Mutter nahm mich bei der Hand, um mir das ganze Haus zu zeigen. »Ich verstehe ja, dass ihr gern heiraten wollt«, sagte sie mitfühlend. »Aber du siehst ja selbst, dass wir im Augenblick keinen Platz für ein junges Paar haben.«

Ich konnte mich selbst davon überzeugen, dass sämtliche Kammern mehrfach belegt waren, denn alle Kinder lebten noch im Haus, dazu zwei Söhne einer unverheirateten Tochter.

»Heiraten könnt ihr erst, wenn eine Kammer frei wird«, fuhr die Bäuerin fort. »Aber wenn du nicht weißt, wohin mit dem Kind, das kannst du mir schon bringen. Das hat noch in unserer Kammer Platz.«

Erleichtert atmete ich auf und bedankte mich für das Angebot, aber ich hoffte inständig, dass ich nicht wie meine Eltern fünf Jahre bis zur Hochzeit würde warten müssen. Wie sich doch das Schicksal wiederholte, ging es mir durch den Kopf. So wie ich von meiner Mutter im Haus meines Vaters abgegeben worden war, würde auch ich mein Kind ins väterliche Haus bringen müssen. Der Gedanke, meine Mutter zu bitten, kam mir erst gar nicht in den Sinn trotz der Abschiedsworte meines Vaters.

Am zweiten Weihnachtstag stellte ich den Toni dann bei mir zu Hause vor. Der Vater betrachtete den Burschen von oben bis unten, richtete einige Fragen an ihn und meinte: »Den kannst schon nehmen, der ist in Ordnung.« Aus Erleichterung darüber, dass sie sich nicht um das Kind kümmern musste, erhob auch meine Mutter keine Einwände. Wir besprachen noch einige Details hinsichtlich der Mitgift, dann verabschiedeten wir uns, ohne dass man uns eine Tasse Kaffee, geschweige denn etwas zu essen angeboten hätte, nicht einmal ein paar Weihnachtsplätzchen!

Weil das Kind bei mir zu Hause geboren werden sollte, suchten wir noch die Hebamme auf, um ihren Rat einzuholen und den Geburtstermin errechnen zu lassen. Mitte August wäre es so weit, sagte sie. Aber es sei ratsam, sich eventuell auf eine frühere Entbindung einzurichten.

Trotzdem stieg ich Ende Juni mit meinen Kühen wieder auf die Alm, wo ich bis Anfang August blieb und mich auf den Weg nach Hause machte, sobald meine Schwester Resi mich wie vereinbart bei meiner Arbeit abgelöst hatte.

Es lief alles wie am Schnürchen, denn am 13. August wurde meine Tochter geboren, und Ende September packte ich mein Kind und mein Bündel, um nach Reit im Winkl zurückzukehren. Wie besprochen übergab ich die Kleine der Obhut ihrer Großmutter und kehrte zu meiner Arbeit auf dem Bauernhof zurück, doch in der Folgezeit verging nicht ein Sonntag, an dem ich das Kind nicht besucht hätte, sodass nie eine Entfremdung zwischen uns eintrat.

Als ich im Juni des nächsten Jahres wieder auf die Alm stieg, nahm ich meine Tochter mit. Es wurde eine schöne Zeit dort oben, vor allem, wenn sonntags der Toni kam und wir eine richtige kleine Familie waren.

Zum Glück war die Zeit der Trennung bald vorbei, denn zwei von Tonis Schwestern verließen das Elternhaus, sodass eine Schlafkammer für uns frei wurde und wir im November endlich heiraten konnten.

Da uns das Geld für eine große Hochzeit fehlte, mieteten wir einen Kleinbus, luden die Eltern und Geschwister ein und fuhren zur Wallfahrtskirche Birkenstein, wo wir uns trauen ließen. Bei schönem Wetter, das so gar nicht typisch war für diese Jahreszeit, machten wir anschließend noch eine Rundfahrt um den Tegernsee, den ich immer schon hatte sehen wollen. Unterwegs kehrten wir in einem Gasthaus zum Mittagessen ein, nahmen bei uns den Kaffee sowie eine abendliche Brotzeit ein, dann packte ich meine Sachen und verließ endgültig mein Elternhaus.

Statt in die Flitterwochen zu fahren, wie man das heute macht, kehrten wir zu unserer Arbeit auf dem Hof zurück, und ich war wieder Kindsmagd – für meine eigene Tochter und die Buben meiner Schwägerin.

Aber jetzt war das eine ganz andere Situation, denn ich fühlte mich von Anfang an wohl auf dem Hof meines Mannes. Vor allem die Schwiegermutter war eine liebe Frau, die immer so nett zu mir war, wie ich es mir von meiner eigenen Mutter gewünscht hätte.

Zu dieser entwickelte sich nie ein gutes Verhältnis, auch nicht, als ich verheiratet war. Jedes Mal, wenn sie zu uns zu Besuch kam, hatte ich Angst, dass sie herumschimpfen würde. Manchmal denke ich, dass sie gar nicht anders konnte, weil sie selbst als Kind nie Liebe empfangen hatte. Bei mir bildeten zumindest die Großmutter und der Vater einen Ausgleich für ihre Gefühlskälte. Jedenfalls habe ich mir damals fest vorgenommen, meine eigenen Kinder nie so zu behandeln, wie sie es mit mir und auch meinen Geschwistern getan hat.

Im Lauf der Jahre wurde ich Mutter von zehn Kindern und kann inzwischen auf die stolze Schar von dreiunddreißig Enkeln und fünfzehn Urenkeln blicken. Um heute noch Kindsmagd zu spielen, wie ich es früher getan habe, fühle ich mich zu alt. Aber die

Kleinen haben schließlich rüstige Großmütter, meine Töchter und Schwiegertöchter eben.

Traummann oder Traumberuf

Jutta, Jahrgang 1936, aus Schönenberg/Schweiz

Von klein auf war es mein Traum, Säuglingsschwester zu werden, auch wenn ich heute nicht mehr sagen kann, wie ich auf diese Idee gekommen bin oder was den Anstoß dazu gegeben hat. Auf jeden Fall gab es, solange ich zurückdenken kann, für mich keinen anderen Berufswunsch. Dabei war mein Vater Lehrer, und es hätte nahegelegen, in seine Fußstapfen zu treten, wie das meine ältere Schwester getan hat. Auch meiner Mutter wollte ich nicht nacheifern, die, nachdem sie es leid war, nur Hausfrau zu sein, als Berufsberaterin tätig war.

Ich glaube, dass sich schon früh in meiner Kindheit meine spätere Ausrichtung erkennen ließ, denn ich war ein begeistertes Puppenmütterchen, auch dann noch, als ich schon älter war. Wenn ich mich mit meiner Freundin traf, ganz gleich ob bei uns oder bei ihr zu Hause, hat sie immer in einer Ecke gesessen und gelesen, ich dagegen war völlig versunken in mein Puppenspiel. Auch wenn in der Nachbarschaft ein

Kind geboren wurde, war ich nicht zu halten und bin immer gleich hingerannt, um es zu bewundern. Ebenso habe ich liebend gern und völlig freiwillig, sobald ich alt genug war, Kleinkinder aus der Nachbarschaft gehütet.

Zu meinem Bedauern habe ich nie einen Kindergarten besucht, denn meine Mutter fand das überflüssig. Sie teilte die damals vorherrschende Meinung, dass Kindergärten nur etwas für die Sprösslinge berufstätiger Mütter seien oder für Kinder, die in weniger großzügigen Verhältnissen aufwuchsen. Die Idee, dass in diesen Einrichtungen ein Gemeinschaftsgefühl gefördert wurde, war damals noch nicht sehr verbreitet. »Wozu?«, sagte meine Mutter also. »Ich bin doch zu Hause, und du hast es nicht nötig, in den Kindergarten zu gehen. Wir haben den großen Garten, wir haben den Wald in der Nähe, da hast du genug Platz zum Spielen. Und wenn du Gesellschaft brauchst, kann deine Freundin jederzeit zu dir kommen.« So sah sie das, ich aber vermisste etwas, was der Garten und selbst die beste Freundin nicht ersetzen konnten. Trotzdem ist dieses Mädchen, von dem meine Mutter redete, noch immer meine Freundin.

Wir lebten in Schönenberg, einem kleinen, ländlichen Ort, in dem es allerdings die Bally-Schuhfabrik gab, sodass nicht nur Bauern hier lebten. Mein Vater war dort Lehrer an der Primarschule, die ich sechs Jahre lang besuchte und in der immer zwei Jahrgänge gemeinsam unterrichtet wurden, aber ich kam nie zu ihm in eine Klasse, weil er nur die älteren Jungen unterrichtete, denn in der sogenannten Oberstufe – für jene Kinder, die keine weiterführende Schule besuchten – fand ein getrennter Unterricht von Knaben und Mädchen statt, weil der Lehrstoff für die einen mehr handwerklich, für die anderen mehr hauswirtschaftlich ausgerichtet war.

Nach meiner Primarschulzeit ging ich für drei Jahre auf die Bezirksschule, dann hat es mir gereicht, obwohl alle meine Freundinnen weiterhin auf der Schule blieben, um ihre Matura, das Abitur, zu machen. Ich fand, dass für mich die ganze Lernerei überflüssig war, denn schließlich wollte ich Säuglingsschwester werden. Wozu sollte ich mich da für die Matura abquälen? Für meinen Traumberuf waren schließlich ganz andere Fähigkeiten erforderlich.

Da ich leider jedoch für eine Aufnahme in die Säuglingspflegeschule nach meinem Schulabgang noch zu jung war, musste ich die Zeit bis dahin irgendwie überbrücken. Also besuchte ich für ein Jahr in der benachbarten Stadt Nähkurse, wo ich Weißnähen und Schneidern lernte. Dann ging ich, wie schon früher meine Schwester, ins Welschland, wie man bei uns die französische Schweiz nannte. Es war so üblich, dass die Eltern ihre Töchter dorthin in Familien schickten, damit sie ihr Französisch verbesserten, denn die in der Bezirksschule erworbenen Kenntnisse reichten in einem mehrsprachigen Land nicht aus. Ich blieb anderthalb Jahre dort und arbeitete als Aushilfe im Kindergarten eines Waisenhauses. Diese Stelle hatte ich mir bewusst ausgesucht, weil ich mir erhoffte, für meinen zukünftigen Beruf vom Umgang mit Kindern verschiedener Herkunft und unterschiedlichen Alters zu profitieren.

Wenn die Kindergärtnerin frei hatte, war ich mit acht bis zehn Kindern allein, mit schwierigen Kindern. Das war sehr hart, und oft fühlte ich mich ziemlich überfordert, auch wenn ich das zunächst nicht wahrhaben wollte – bis dann mein Körper mit einer Krankheit darauf reagierte und ich Gelbsucht bekam. Dennoch sagte ich mir, dass ich das durchstehen wollte, und kehrte, nachdem ich wieder gesund war, an meinen aufreibenden Arbeitsplatz im Heim zurück.

Weil ich noch immer zu jung für die Säuglingsschule war, besuchte ich anschließend noch für ein halbes Jahr eine Haushaltungsschule. Eigentlich handelte es sich um eine Bäuerinnenschule, doch um das Institut im Sommer, wenn die Bauersfrauen auf den Feldern arbeiten mussten, besser zu nutzen, bot man in dieser Zeit Kurse für die Allgemeinheit an. Man lernte Brot backen, Hühner schlachten, Einkochen, Heu machen, Gartenarbeit, Handarbeiten natürlich, wobei mir vor allem Spinnen und Weben besonders viel Freude gemacht hat.

Immer, wenn mein Vater mich in jenem Sommer erblickte, rezitierte er mit leicht spöttischem Lächeln:

»Sie war kaum sechzehn Sommer alt,
unschuldig und nichts weiter,
sie kannte nichts als unsern Wald
und Blumen, Gras und Kräuter.
Da kam der holde Jüngling her …«

Wie das Gedicht weitergeht, habe ich leider vergessen, und ebenso ist mir der Name des Verfassers entfallen. Dagegen weiß ich noch genau, warum mein Vater mich damit aufzog: Als ich noch die Nähschule besuchte, war ich eines Abends mit meiner Freundin in ein Konzert mit anschließendem Tanz gegangen. Es dauerte nicht lange, da steuerte ein junger Mann auf mich zu und forderte mich auf. Zum Glück konnte ich schon tanzen, denn die Eltern hatten mich bereits im Alter von vierzehn Jahren in die Tanzstunde geschickt.

Während wir so auf dem Parkett dahinschwebten, sprachen wir zunächst über das Konzert, beim zweiten Tanz dann wurde es bereits persönlicher, und ich erfuhr, dass mein Tänzer Student am Technikum und mit seinem Bruder hierher gekommen war. Nach dem dritten Tanz fragte er dann, ob ich ihn nicht demnächst auf einen Ball begleiten wolle. Ich war verdutzt und fragte, wie er auf eine solche Idee komme. Nun ja, erklärte er, im Technikum finde ein Ball statt, und da Frauen dort Mangelware seien, solle jeder Student eine Partnerin mitbringen. Da er weder Schwester noch Freundin habe, würde er mich gerne mitnehmen, nachdem er sich davon habe überzeugen können, dass ich eine passable Tänzerin sei. Seine Worte schmeichelten mir zwar, doch ich hatte Bedenken und antwortete ausweichend: »Ich weiß nicht. Da muss ich erst zu Hause fragen.«

Er gab mir seine Adresse und wollte uns nach der Veranstaltung heimbegleiten, aber da meine Freundin und ich keine Begleitung wünschten, schlichen wir uns auf die Toilette, wechselten unsere Tanzschuhe gegen die Wanderschuhe und verschwanden in der Dunkelheit, um eine ganze Stunde durch die vom Mond nur schwach erhellte Nacht bis Schönenberg zu marschieren.

Da zu diesem Zeitpunkt gerade meine Patin zu Besuch war, beschloss ich, das heikle Thema zuerst mit ihr zu besprechen. Verlegen druckste ich herum: »Du, Tante, ich war gestern Abend zum Tanzen. Da war einer, der hat mich zum Ball des Technikums eingeladen. Nun weiß ich nicht, soll ich gehen oder soll ich nicht gehen.«

»Ja, wenn du Säuglingsschwester werden willst, dann hast du kaum noch Gelegenheit, Männer kennenzulernen. Deshalb rate ich dir, jetzt die Gelegenheit beim Schopf zu packen«, redete sie mir gut zu.

Mein Vater, der kurz darauf ins Zimmer kam, teilte ihre Meinung.

»Ich habe aber kein Ballkleid«, wandte ich ein. Von meiner Schwester existierte ebenfalls keines, obwohl sie drei Jahre älter war als ich – sie hatte bisher nie die Gelegenheit gehabt, ein Ballkleid zu tragen.

»Dann kaufen wir eben eines«, erklärte meine Mutter und zog gleich am nächsten Tag mit mir los, um in der nahe gelegenen Stadt die einschlägigen Geschäfte abzuklappern. Zu meinem Glück wurden wir fündig. Ich sehe das Kleid noch vor mir, als wäre es gestern gewesen – es war aus lindgrünem Taft mit weißem Tüll darüber, bodenlang und schulterfrei mit einem festen Mieder. Weil das Dekolleté ein wenig gewagt war, trug ich darüber ein Bolerojäckchen in der Farbe des Kleides.

Weil das Kleid sündhaft teuer war, beschloss meine Mutter, jetzt sei es genug, und statt neuer Schuhe müssten welche aus unserem Fundus reichen. Außerdem dachte sie praktisch und erklärte mir, dass man die Schuhe unter dem langen Kleid zum einen kaum sehe und sie zum anderen durch Tänzer, die auf den Füßen der Partnerinnen herumtrampelten, ohnehin ruiniert würden. In diesem Punkt sollte sie recht behalten – um neue Schuhe wäre es direkt schade gewesen.

Da der junge Mann keine Adresse von mir hatte, war es an mir, mich bei ihm zu melden und seine Einladung offiziell anzunehmen. Er war hoch erfreut und lud mich, noch bevor der Ball stattfand, zu seinen Eltern ein, damit sie mich kennenlernten. Er muss aus guter Familie sein, dachte ich bei mir, dass er solche Umgangsformen hat.

An einem Spätnachmittag stellte er mich seiner Familie vor. Man reichte Kaffee und frisches Gebäck, doch ich konnte kaum schlucken, weil meine Kehle vor lauter Aufregung ganz trocken war – allein die Tatsache, bei fremden Leuten eingeladen zu sein, machte mich unerfahrenes Mädchen nervös. Bei dieser Gelegenheit erfuhr ich, dass der Vater Ingenieur war und mein Student den Beruf des Architekten anstrebte.

Ein paar Tage später fand dann der Ball statt. Diese Veranstaltungen hatten in der damaligen Zeit vor allem zwei Funktionen: Sie dienten dazu, junge Leute in einem passenden Rahmen zusammenzuführen, und überdies brachte man ihnen dort jenen Schliff bei, der ihnen später helfen würde, sich auf gesellschaftlichem Parkett zu behaupten. Nach dem Ball, der mir sehr gut gefallen hat, ließ ich mich von meinem Tänzer heimbegleiten und blieb auch später mit ihm in Kontakt, als ich in die französische Schweiz ging. Nach meiner Rückkehr kam er dann öfter mit seinem Fahrrad, um mich zu besuchen, oder lud mich zu gelegentlichen Tanzveranstaltungen ein – das war zu der Zeit, als ich auf die Haushaltsschule ging. Ich kann nicht sagen, dass mir seine Besuche immer recht waren, manchmal fand ich sie eher lästig, doch er blieb hartnäckig. Von seiner Seite muss es damals schon die große Liebe gewesen sein, während ich keine sonderlichen Gefühle für ihn aufbrachte.

Als ich jedoch für ein Jahr nach England ging, um dort die Sprache zu erlernen, fiel mir der Abschied von ihm sehr schwer, und daran merkte ich, dass ich mich endlich ebenfalls verliebt hatte. Trotzdem wurde es eine schöne Zeit auf der Insel. Ich arbeitete bei einer Familie etwa sechzig Kilometer nördlich von London als Mother's Help, Au-pair-Mädchen würde man heute sagen. Ich hatte zwei kleine Kinder von zwei und vier Jahren zu betreuen, also nicht mehr unbedingt im Säuglingsalter, wie ich eigentlich gehofft hatte. Ein Neugeborenes kam erst an, nachdem ich die Familie schon wieder verlassen hatte.

Zunächst fiel mir die Verständigung schwer, da nach nur einem Jahr Schulenglisch meine Kenntnisse mehr als dürftig waren und gerade für den Zweijährigen ausreichten. Zum Glück sprach die Lady ein bisschen Deutsch und konnte mir so über die Anfangsschwierigkeiten hinweghelfen. Schnell meldete ich mich für einen Sprachunterricht an, den ich gemeinsam mit einer Schulfreundin aus der Schweiz, die bei einer Familie in derselben Straße untergebracht war, besuchte. Da unsere beiden Gastfamilien miteinander bekannt waren, richteten sie es stets so ein, dass wir gemeinsam unsere freien Tage hatten, und so verlebten wir eine wunderschöne Zeit in England. Mit meiner Familie stehe ich heute noch in Kontakt, und obwohl die Lady bereits über achtzig ist, hat sie mich vor zwei Jahren noch besucht. Außerdem schreiben wir uns regelmäßig, sodass ich genau darüber informiert bin, was aus meinen einstigen Zöglingen geworden ist.

Mein Freund hat damals die Trennung von mir nicht ausgehalten und kam überraschend zu einem Besuch. Er hatte gerade die Fahrprüfung bestanden und sich einen Volkswagen gekauft, doch bevor er die Reise antrat, ging er zu meiner Mutter, um ihre Erlaubnis einzuholen. »Ja, du kannst fahren«, antwortete sie. »Aber nur, wenn du mich mitnimmst.« Heute bin ich überzeugt davon, dass sie das nur im Spaß gesagt hat, aber als sie merkte, dass mein Student das als völligen Ernst auffasste, entschloss sie sich tatsächlich mitzufahren und nahm gleich auch noch meine Schwester mit. So überraschten sie mich zu dritt bei meiner Familie, und die Lady war darüber so entzückt, dass sie mir sofort zehn Tage Urlaub gab, damit ich mit meinem Besuch England bereisen konnte. Damit uns die Rundfahrt nicht zu teuer wurde, übernachteten wir meist in einem Zelt, das mein Besuch in weiser Voraussicht mitgebracht hatte. Es war herrlich – drei Frauen und ein Mann in einem Zelt! Meine Mutter würde später immer wieder verkünden, dass dies die schönsten Ferien ihres Lebens gewesen seien, zumal sie sich mangels Sprachkenntnissen um nichts kümmern musste. Auch ich genoss die Zeit, und der Abschied von meinem Verehrer fiel mir diesmal noch schwerer.

Als ich in die Schweiz zurückkam, war ich endlich alt genug, um meine Ausbildung zur Säuglingsschwester beginnen zu können, doch zu meinem Erstaunen hieß es zu Hause plötzlich: »Jetzt hast du einen festen Freund und wirst bald heiraten, da hat es doch keinen Sinn mehr, diese dreijährige Ausbildung zu machen.« Wenn auch schweren Herzens verzichtete ich auf die Ausbildung, denn ich wollte wirklich nicht mehr übermäßig lange mit dem Heiraten warten, und Ehe und Beruf zu vereinbaren wie heute, gelang damals nur wenigen Frauen und war gesellschaftlich kaum akzeptiert. Immerhin ermöglichten meine Eltern es mir, einen Säuglingspflegekurs von einem halben Jahr zu besuchen, was in keinem Fall schaden konnte, auch wenn ich die erworbenen Kenntnisse vermutlich nur bei meinen eigenen Kindern anwenden würde.

Allerdings kam es dann doch ein wenig anders. Weil nämlich mein Zukünftiger seine Ausbildung noch nicht beendet hatte, nahm ich vorübergehend zwei Stellen bei Familien mit Kleinkindern an, die jemanden mit Erfahrung in Säuglingspflege gesucht hatten. Nach dem Examen ging mein Verlobter nach Finnland, das damals als Mekka für Architekten galt, weil es eine interessante Architektur aufwies. Doch nach einem halben Jahr kam er kurzfristig in die Schweiz zurück, um mich zu heiraten und an seine neue Wirkungsstätte mitzunehmen. Die Rückreise nach Finnland war also praktisch unsere Hochzeitsreise, und wir sind anderthalb Jahre in Helsinki geblieben, in denen wir kreuz und quer durchs Land gefahren sind. Es war für mich eine wunderbare, eine unbeschwerte Zeit, und wir haben viele nette Freunde gefunden, darunter auch Schweizer, ob Architekten oder Architekturstudenten, mit denen wir teilweise noch heute verbunden sind. Mit einem weinenden und einem lachenden Auge sind wir schließlich endgültig in die Schweiz heimgekehrt.

Mein Mann hat mich für den Verzicht auf meinen Traumberuf mehr als entschädigt, und wenn es auch eine Weile gedauert hat, so ist er doch die große Liebe meines Lebens geworden. Und meine Bedürfnisse, Säuglinge zu umsorgen, wurden durch meine eigenen Kinder erfüllt – immerhin hatte ich dreimal die Gelegenheit, ein Neugeborenes zu verhätscheln. Mit dankbarem Herzen kann ich heute behaupten: Meinen Traumberuf habe ich zwar nicht erlernt, dafür aber meinen Traummann gefunden.